なぜ、この人と話をすると楽になるのか

ニッポン放送アナウンサー
吉田尚記

太田出版

なぜ、この人と話をすると楽になるのか

目次

基本編 7

附記＊本書は、八回にわたりニコニコ生放送で話した内容を構成したものです。また、そのときに寄せられた視聴者からのコメントは、適宜改編して〈　〉で示しました。

基本編

はじめに　コミュ障の私よ、さようなら

●知らない人に会うのが怖い

表題に「コミュ障の私よ、さようなら」と書いてありますが、正直な話、いまこの放送を見てくれているみんなは知らない人に会うのがうれしいか怖いか、どうでしょう。うわあ、すごい数のコメント。〈嫌だ〉〈う、うん〉〈ヤだ、コワい〉〈はじめて会う人にすごく緊張する〉〈イヤ、というか苦手〉、いろいろありますね。

たぶん、自分が傷つくのも嫌だけど、それ以上に人を傷つけるのが嫌だっていう意識があると思うんです。こんな私と時間をすごさせて悪かったみたいな、ネガティヴな気持ちになるんじゃないですか。ぼくもそうでした、まったく一緒。

そういうところからスタートしてるのに、ぼくはラジオのアナウンサーになってしまっ

たわけです。想像してみてください。ラジオを聴いてるぶんにはいいんですけど、毎日毎日、あまり知らない人と会ってとにかく話をする仕事。〈ムリムリ〉って、そのとおりです。〈慣れてきてそうなったの?〉、もちろん慣れてきている面もありますが、慣れるよりまえに、人とどう接したらいいか自分のなかで結論が出ないと、最初のうちは会いにすら行けなかった。そこで、いろいろ考え続けてきたことをひとことで言えば、すべてはコミュニケーションの問題だったんですね。

ぼくなりにその謎が解けるのに二〇年かかって、ここへ来てようやく、それを言葉で説明できるかなと思ってこの放送をやっています。

〈でも話してると吉田さん、コミュ障じゃなくね?〉。よくそう言われるんですよ。ハッキリ言います。ぼくはまだコミュ障を完全に克服したわけではありません。だけど、コミュ障ではなくなる方法というか、気がついたら不自由がないくらいにはなっていた。

「コミュ障」という言葉は文字どおり「コミュニケーション障害」の略称で、あとで詳しく説明しますが、自分ではいまでもコミュ障だと思っています。でも、まわりから見たときにそう思われていないっていう状況にはなった。それにはいろんなステップがあったんですね。

そうなるまで、奇跡やラッキーといった類の経験とはまったく無縁でした。いちいちこの段階はこうやればいいんだって一つひとつ考えて、できないところは反復して、練習して、自分で解決して、全部メモをとって憶えて血肉化してきたわけです。理由は簡単で、そうしないと食べていけなかったから。それがぼくの仕事だったからです。

ぼくは毎日しゃべる仕事をしているので、コミュニケーションの本は随時チェックしています。コミュニケーションの本とダイエットの本というのは本屋さんの店頭からなくならない。**世の中には太っている人と口下手が常にいる。現代人の悩みはきっと、太ってしまうことと人とうまく話ができないこと**なんです。

でもなかなかぼくが欲しいなって思うコミュニケーションの本がない。自分をいかに表現するか、自分の考えをいかに伝えるか、そういう本はあるんですけど。驚くのはむしろコミュニケーションをうまくとって出世しよう、お金儲けをしようみたいな本が結構あるんですね。「知って得するコミュニケーション術」とか「必勝のプレゼン法」みたいな本。

それは目的設定がまず違うんじゃないかと思う。「出世をするために」とか「お金を儲けるために」とか、「自分をアピールするためのコミュニケーション」とかいろんなことを言うんだけど、それ、必要ですか？　ぼくはあまり必要性を感じません。

コミュニケーションの目的は、コミュニケーションである

そんな本を目にするたびに思い出す寓話があります。毎日熱心に釣りをしているひとりの男に投資家が話しかけます。「そんなに釣りが好きなら、もっと一所懸命やったらどうだ？」。船を出して魚がとれたら市場へ売りに行って、儲かったらもっと大きな船を買って人を雇って、さらに儲かったら船団をつくって会社にして、儲かったお金で会社を大きくしろよ――。投資家らしいですよね。

そこで男が投資家に尋ねる。「わかった。そうやって会社が大きくなったとして、最後はどうなる？」。投資家は答えます。「会社は次の世代の人間に任せて、儲かったお金で悠々自適にすごしなよ」。男「悠々自適って？」。投資家「好きなことができるんだよ」。そこで男は言います。「好きなことができるって？　だったら釣りをするなぁ」。

そんな話なんですが、わかりやすいですよね。結局、そうなる。

お金というのは、その先に何かがあって、はじめて価値が示されるものです。お金は何かに換えないと意味がない。出世もそれと同じで、ぼくの感覚で言うと、行き着く先の価値が示されない限り決して満たされないような気がするんです。出世をしたい、お金儲け

をしたい、気持ちはよくわかります。その理由を掘り下げて考えてみると、結局は心地いいコミュニケーションをとりたいからなんじゃないかと思うんですね。

どんなに偉くなってお金持ちになっても、実のあるコミュニケーションがとれない、楽しい思いができない、もしそうだとしたらどんなに虚しい人生だろうと思いませんか。そうですよね、**すべての前向きな努力、すべての欲というのは、実のあるコミュニケーションがとりたいってところに行き着く**んじゃないでしょうか。釣り好きの男の目的がどうしたって釣りであるように、結局、コミュニケーションの目的はコミュニケーションであると、ぼくは思う。

コミュニケーションが成立して、そこで感心したり共感したり、笑い合ったり幸せな気持ちになったり、そういうポジティヴな感覚を得ることなしに人は楽になれません。そこがコミュニケーションの根幹であって目的のはずなんです。

コミュニケーションを扱うほとんどのビジネス本は、コミュニケーションをまるで通過点のように扱ってしまっている。いきなり商談のシーンが登場して、「初対面の相手にはこんな話題を選びましょう」とか「聞き手になって好感を持たれましょう」とか、相手を都合よく動かすのが目的のように語られます。でもそうじゃなくて、そのまえにコミュニケーションについて、人と話をする営み自体について、もっと考えることがあると思うんです。

確かにコミュニケーションを戦略的に用いれば、出世もお金儲けもプレゼンだって自己アピールだって、ビジネスは成功するかもしれない。でも、そこにだけ意味を見出すのであれば、コミュニケーションよりお金やビジネスの結果のほうが価値あることになってしまいます。ぼくは決してそうは思いません。大好きな釣りをより楽しむために釣りの技術を磨くように、コミュニケーションそのものをより深く楽しむために、コミュニケーションのスキルを磨くべきなんです。

技術としてのコミュニケーション

立場を選ばず、可能性を限定せず、誰とでも楽しくコミュニケーションがとれるような能力を身につけられたら、それがいちばんいいはず。優れたコミュニケーション能力を獲得できさえすれば、社会的地位なんて低くても何の問題もありません。大げさに言えば、コミュニケーションは出世やお金儲けどころか、自分の命を助けるからです。

じゃあ、コミュニケーションの目的はコミュニケーションだとして、そのスタート地点からコミュニケーション能力を伸ばすにはどうしたらいいのか？　ビジネスではない、自己アピールでもない、コミュニケーションそのもののスキルを磨くには何が必要なのか。それこそ、ぼくがずっと考えさせられてきたこと、コミュニケーションの技術というわけです。

コミュニケーションのあり方は、その時代やさまざまなシチュエーションによってパターンは変化するし、使い方も異なってくるでしょう。しかし、**ギリギリのベースラインにはこんなリテラシーがあって、スキルがある、そうしたコミュニケーションの根本**についてお話ししたいと思っています。

ただそれを「心を通じ合わせる」みたいな精神論に託してしまうことは、一切するつもりはありません。「心」って言った瞬間に、すべてをその言葉の広さで吸収できてしまうからです。

コミュニケーションに「心」なんて便利な言葉を持ち出したら、押さえなければいけない実態をスルーしてしまうことにもなりかねない。ぼくはそこを、感覚ではなく基本として、精神論ではなく技術として、コミュニケーションのメカニズムをできるだけ底のほうから明らかにしていきたいと思います。

●ウケたい、モテたい、一緒になりたい！

コミュニケーションの目的とは、最終的に、コミュニケーションそれ自体です。何かのためにコミュニケーションをとるのはおかしい、少なくとも第一義ではないとぼくは考えます。何よりもまずコミュニケーションをとって楽しくなりたい、うれしさや喜びを体感したい、そういうラジカルな欲求を満たすことこそが人間の偽らざる本音だと思うんです。

コミュニケーションの欲望は「ウケたい」と思うこと。いまこの放送を見てくれているみんなも、自分が言ったりやったりしたことを誰かが「いい！ すばらしい!!」って肯定してくれたとき、いちばんうれしくないですか？ それは相手が自分のことを評価して、ラジカルな感情を表明してくれて、おたがいに充足できたからです。

ウケたい、モテたい、一緒になりたい！ そんな素朴で俗っぽい人間の本音を噛み砕いて言えば、**コミュニケーションの場に、本当に自分のことを考えてくれている人がいるかどうか**なんです。

「本当に自分のことを考えてくれている人がいるかどうか」。それは徹頭徹尾、残念ながら相手の問題です。自分がコントロールできることではない。コミュニケーションの基本、それは自己顕示欲が発揮できる営みではないということです。

コミュニケーションに自己顕示欲は要らない

ぼくもかつては、コミュニケーションをとることに関して強い自己顕示欲を持っていました。たぶんみんなもそうだと思う。でも考えていけばいくほど、それはごく初期の動機にはなったけど、いまハッキリと必要じゃないとわかった。どうでもよくなっちゃったんですね。

べつにそれを捨てようと意識したわけではありません。自己顕示欲は持って生まれたものなので、捨てようとして捨てられるものではない。ただ必死で人と楽しくコミュニケーションをとりたい、その一心でやっていたらいつのまにかなくなっていたんです。相手にとって「本当に自分のことを考えてくれている人」になろうとコミュニケーションをとっていたら、自我みたいなものがどんどん軽くなっていったんですね。

一般的にコミュニケーションとは何かと訊くと、ほとんどが自分の話を伝えるにはどうしたらいいか、自分の考えていることをいかに表現するかという方向に行きがちですけど、ぼくは次第に疑問を抱くようになった。実際のコミュニケーションはいつも偶然や突然に翻弄されるものなので、あらかじめ伝え方や表現方法のマニュアルを知っていても、相手の出方次第で使えないことのほうがずっと多かったからです。

にもかかわらず、コミュニケーションが自己表現のテーマになり、自己顕示欲を満たすためにマニュアル化されるのは、どこかにそういう刷り込みがあるからだと思います。自己顕示欲があるのは決して悪いとは思いませんが、それが功を為して人や世の中を幸せにしたことってて本当にあるのか？　自己顕示欲の塊みたいな人が目のまえに現れたら正直、あまりいい気持ちはしませんよね。

これはある伝説的なディレクターが指摘していたことですが、本当におもしろい芸人さんで「はい、どーもー！」って出てくる人間はいないんだそうです。確かに、おもしろい芸人さんはまずお客さん、コミュニケーションの相手がどう感じているかを察してから話しはじめます。奥に自己顕示欲はあったとしても、それを前面に押し出すことはない。自己顕示欲がある、言い換えれば「自分大好き」なのは、相手からすればどうでもいいことです。**重要なのは、相手にとって興味があるかないか**なんです。

自分が何かを表現することより、ぼくはみんなとコミュニケーションをとりながらこの放送を進めたいと思っています。続々と届くコメントに反応して、話をみんなで共有したい。放送が終われば全部のコメントに目を通し反復して、文章に活かしていきたいと思っています。
〈でも吉田さん、自分のこと話してるよね〉って、それはそう。でも、いまぼくはこの場でウケたいし、楽しいからしゃべってるだけなんです。みんなから寄せられるコメントをとおして話すこの状態がうれしい。「ウケたい」「楽しい」に優先して言いたい何かがあるわけではないんですね。その意味でぼくの話は、自己表現でも自己顕示欲でもありません。

逆に「ウケたい」「楽しい」よりも「言いたい何か」を正確に伝えるのが優先されるなら、それに同意できない人とは議論や論争になってしまいますよね。ぼくは誰かを言い負かしたところで何かが伝わるとはまったく思っていません。それより、ぼくが反応したことによってコメントを寄せてくれた人が楽しさを感じてくれる。おたがいに持ち寄ったものがいまここにある。共有と共感が連続してある。そこにまた言葉が生まれコミュニケーションが活性化する。そこが大事なんだと思います。

たぶんひとりで本を読んでいるときも、作者と時間差でコミュニケーションをとっているんだと思う。討論の話もあとで出てきますが、コミュニケーションの目的はコミュニケーションであって、戦いではありません。ぼくが目指すコミュニケーションのあり方は、いわば非戦のコミュニケーション。戦わずのコミュニケーションです。

●コミュニケーションがうまいと思っている人はほとんどいない

いまふと思ったんですが、コミュニケーションがうまいと自認してる人っているのかな？　そうだ、アンケート機能を使ってみよう。出題「自分はコミュニケーションがうまいと思っている」。答えは二択。「はい」か「いいえ」。どうでしょう？　少なくともぼくは「いいえ」です。

ハイ、結果。うわ、すばらしいですね。「いいえ」が九三・八パーセント。ほぼ九四パーセントの人がコミュニケーションがうまくないと思ってる。それでも六パーセントの人が「はい」。うらやましい（笑）。まあ、「はい」はわざと言ってるウケ狙いでしょう。

いまこの放送をリアルタイムで見てくれている人は、週末の深夜にもかかわらず六〇〇〇人ほどいらっしゃって、ぼくがパーソナリティを務めているということで多少バイアスはかかってるとしても、この結果は結構妥当性があるかもしれない。そうですよね、**コミュニケーションって難しい**んです。

よく「恥をかかないとコミュニケーションはうまくならない」と言う人がいるけど、ホントにそうでしょうか？　ぼくはちょっと乱暴すぎる言い方だと思う。たとえば一回も転ばないで自転車に乗れるようになる人、いますよね。同様に何の苦労もせずにコミュニケーションをうまくとれる人もきっといるでしょう。だとするなら、転んだり恥をかいたりは、コミュニケーション能力の上達には必須の条件ではないはずです。

でも、だいたいは転んでケガをしながら自転車に乗れるようになる。コミュニケーション能力も上達するまでに恥をかくことはあると思います。ただそのとき、やみくもに転ぶのと最低限の回数ですむのとでは、全然違いますよね。どうすれば自転車に乗れるようになるのかわかっていれば、要らないケガをしないですむでしょう。コミュニケーションも目指すところがわかってそのメカニズムを知れば、克服すべきポイントは最低限ですむはずです。痛い思いは少ないほうがいい。

たとえば、いつからか「空気を読め」ってよく聞くようになりました。言われたほうは「なにそれ?」と、そんなことを言う人間と同じ空気なんか吸いたくないよって思う。それは「空気を読め」という言い方自体に具体性がないからです。具体的じゃないままになんとなく挑んでしまったら、そりゃ転びもするしケガもします。

ではどうしたら空気を読めるようになるのか、それには具体的に実行へ移せるよう言葉を噛み砕く必要がある。自転車の乗り方にそれなりの技術があるように、コミュニケーションに関しても適切に練習すれば実行に移せる技術があるわけです。

ぼくは誰でもすぐに実行へ移せない物言いはここではいたしません。九四パーセントの人がコミュニケーションに不自由を感じているんですから、みんながそれを実行でき、楽になることを願って、まずは「コミュニケーションとは何だろう」という基本から考えていきたいと思います。

1　コミュニケーションとは何だろう

●会話に困る場所、エレベータ

誰でも「いま、会話に困るなあ」っていう経験は持っていると思います。状況的にどうもコミュニケーションがとりにくい。そこでひとつ、質問があります。みんなにとって、ここで話をするのはちょっとツライという場所は、どんなところでしょうか？

〈共通点が見つからないとき〉〈話し合うテーマが自分〉〈話が繋がらない〉〈相手の心理が見えない〉。いろんな意見がありますね。もっと具体的に、場所に限定したら？〈職場〉〈隣りの席〉〈同僚と乗り合わせた帰り電車〉〈タクシー〉〈先輩の教室〉、なるほど。

ぼくが経験したなかで、ここはツライなって状況をいろいろ考えた結果、いちばん嫌なところ、アナウンサーとして克服しなきゃいけないって思った場所は、エレベータです。

いかがですか？〈わかる！〉〈ひえー〉〈むむむ〉〈言われてみれば〉すごい賛同の声が寄せられてますね。〈エレベータの沈黙はキツいな〉。そのとおり、エレベータはとても身近にあるものだけど、なんとなく気まずい感じですよね。エレベータは本当に会話が弾まない。

話すことはとくにない、でも話をしないと不自然。まず、その距離感がすごく微妙です。五メートル以上離れている人とは、コミュニケーションをとらなくても違和感がないんだけど、二メートル以内くらいだと、コミュニケーションをとらないのに何か理由ができちゃったような気がするでしょう。

しかもエレベータは偶然乗り合わせてしまうものなので、コミュニケーションに参加する理由がないのにもかかわらず、強制的かつ自動的にスタートしてしまうんです。乗った瞬間にコミュニケーションのゴングが鳴る。**コミュニケーションというのは、人が複数存在したとたんに嫌でも生まれてしまう**ものなんです。相手が誰であっても、おたがいを認知した瞬間にコミュニケーションははじまります。

べつに無理やり話しかける義務はないものの、エレベータで知り合いと顔を合わせて無言のまま十数秒すごすのはなんだか気まずい。初対面の相手であっても、同じビルに勤めているとか出入りの業者さんだってことはわかるわけで、まったく言葉を交わさずに途中で降りてしまったりなんかすると、ちょっとイタい感じがします。

だからケータイのメールをチェックしたり、「何階ですか？」と尋ねていい人になってみたりする。誰でも心当たりはあると思います。そうしたエレベータ内でのその場しのぎは、すべてコミュニケーションの不調から身を守るための自己防衛。偶然に居合わせてしまったエレベータはまさに、コミュニケーション危険地帯なんです。

でもぼくは、自分の仕事を考えたとき、このエレベータの気まずさこそアナウンサーが克服すべきものだと思ったんですね。エレベータのなかに、つかのまふっと笑えるような会話があったら、そこにいる全員が楽になるはず。コミュ障を克服する、コミュニケーションがうまくなる、みたいな言い方ではなかなか具体的に見えなかったものが、「エレベータのなかを楽にすごすには」と考えたら目標がハッキリした。

ぼくは昔からエレベータがすごく苦手で、気まずい思いをしたくないという理由でわざわざ階段を利用するようなタイプでした。〈エレベータに「私語厳禁」って貼ってくれないかな〉。おもしろい（笑）。ホントそうだといいんだけど、それじゃあ話にならないから、具体的な目標としてエレベータからなんとかしようと考えたわけです。

結論を先に言ってしまうと、ある程度コミュニケーションの技術を身につければ、エレベータはそんなにツラい場所ではなくなります。うん〈そんなことできるの？〉って、一〇〇パーセントは無理です。ただできるだけ一〇〇パーセントに近づけることはできる。なぜか？　コミュニケーションはゲ、ー、ム、だからです。ゲームであればこそ、ルールはあるしテクニックだっていっぱいあります。

コミュニケーションをうまくとるって、具体的にはどういうこと？　そうです、エレベータがキツくなくなることです。そう考えれば気も楽ですよね。

「最初はいつも他人」が基本

これはライターになるための専門学校で講師をしている友だちから聞いた話ですが、そのカリキュラムに、見知らぬ人に電話をかけるという演習があるそうなんです。

アーティストにインタビューしたい、取材をしたいとなったら、まずレコード会社に電話をかけますよね。「いまの時代、そこから教えなきゃいけない」と聞いて、正直驚いた。「いくらなんでもそんな必要はないでしょう」って苦笑したんですが、真剣に「いや、それが必要なんです」と。その演習で泣き出しちゃう子もいるって言うんですね。

みんなも結構、若い世代の人たちはそうなのかもしれないけど、いまは誰でも携帯電話を持っているから、個人と個人で話をするのが基本になってるでしょう。それがケータイのない時代を知ってるぼくくらいの年齢だと、たとえば気になる女の子に電話をする場合、どうしてもおうちにかけなきゃならなかったわけです。それで親御さんや兄弟が電話に出たとき「私はこれこれこういう者ですけれど、○○さんいらっしゃいますか」って、電話を取次いでもらわなければならなかった。

でもいまはケータイからケータイ、個人から個人だから、当事者以外の人に取次いでもらう状況自体がない。誰か知らない人に電話をして取次いでもらうにはどうしたらいいか、一八、九歳だとまったく経験がなくてわからない子がふつうにいるんですね。ジェネレーション・ギャップって、いつの時代もささやかれることではあるんですが、そんなふうに世の中が分断されていると知ってさすがにびっくりしました。

知らない人とコミュニケーションをとるのが誰にとってもストレスなのは大前提です。でも、この世に知り合いがすでにいて、その人と待ち合わせるように生まれてくる人はいません。母親や父親、兄弟や双子だって、ある意味最初は他人なんです。最初はいつも他人。エレベータと一緒、それが基本です。

情報の伝達より先にあるもの

コミュニケーション、ふだんの何気ない会話と言い換えても結構ですが、多くの場合それは情報の伝達手段だと思われています。でもぼくは、そのまえにもっと大切なことがあると思う。情報の伝達より先に、**話をしていて楽になる、心地よくなることのほうがずっと重要**だと思っています。

そう〈コミュニケーションがうまくとれるようになったら、生きやすくなるかな〉、そのとおりです。人と話をして、少しでも生きやすくなりたい。ぼくも生きづらかったし、いまでも放っておいたらたぶん生きづらくなると思う。情報の伝達よりまずそこをなんとかすべきなんです。

たとえば「営業の○○くんと経理の××さんが婚約した」なんて日は、会社のエレベータでふだんちょっと距離のある人と会っても、「知ってました?」「いや知らなかった!」みたいに、その十数秒が気まずくないどころか会話が弾んだりしますね。このとき、ふたりの婚約の情報はそれほど重要なことでしょうか? それが伝達されなかったばかりに重大なチャンスを逃す、損失を被るなんてことはまずありえないでしょう。

エレベータ内で絶対に伝えなければいけない情報など、非常時の対応以外にはありません。もしコミュニケーションの第一義を情報の伝達とするなら、エレベータは無言でもまったく気にならないはず。機密情報を口にしてはいけないエレベータにコミュニケーションは不要、それですんでしまうはずなんです。でも実際には、みんな気になってる。なぜでしょうか。

コミュニケーションというのは、じつは、コミュニケーションが成立すること自体が目的であって、そのときに伝達される情報は二の次なんです。情報の質や内容なんてどうでもいい。エレベータ内の十数秒の価値は、コミュニケーションが円滑に為されたかどうかによってのみ測られます。スムースに言葉のやりとりができ、その場を楽にすごすことこそが第一なんですね。

実際に、一般的に考えられているコミュニケーションとはどんなものか、辞書を引いてみます。「一．通信、連絡、報道」、まずこっちが先なんですね。「二．言葉による意思、思想などの伝達」。要は5W1Hを相手に伝えることが第一義になっているようです。一般的にはこれが伝わるとコミュニケーションは成功とされる。なるほどそうかと思うと同時に、ちょっと待てよって思いませんか？

5W1Hを伝えると言っても、ときに強い立場の人間が弱い立場へ一方的に下達するというパターンもありますよね。場合によっては権力をふるったり争いごとがあって上下関係が決まると、下の者は上の者の言いなりになるしかない。それではコミュニケーションが成功したとは言えないと思います。

5W1Hを相手に伝えたり信じさせたからといって、それだけでコミュニケーションは成立するものではありません。コミュニケーションをとったあとに、その人と一緒にいたあとに、おたがい心地よくなってこそ成功と言えると思う。ディベートでも討論でも、やったあとに気持ちよくならなかったら、良きコミュニケーションとは言えないんじゃないでしょうか。

「コミュ障」とは何か？

ここでいよいよ「コミュ障」の話をしようと思います。

コミュ障という言葉を最近よく耳にするようになりました。それはコミュニケーションについて、世間が大きく誤解していることを象徴的に表していると思うんですね。

コミュ障とは「コミュニケーション障害」の略称です。発声器官や知覚機能に問題があり、医学的な意味でコミュニケーション障害を抱えていらっしゃる方が存在するのは重々承知のうえで、最近では、スムースに話のできない状態を「コミュニケーション障害」と自認している人が相当数います。

これを他の言葉で表わすことが可能であれば、医学的な意味での障害に苦しんでいる方を傷つけずにすむので、そのほうがよいと個人的には思います。でも、コミュニケーションを円滑にとれない人を世間がどう思っているかを指し示すには、「コミュニケーション」に「障害」という言葉をつけるしかないんです。なぜでしょうか？

たとえば「水泳障害」とは言いませんよね。生まれながらにして泳げる人はいないのが常識で、訓練しなければできない水泳には「障害」という言葉は使わない。他にも「料理障害」とか「一〇〇メートルを一〇秒で走れない障害」などとは言いません。それは、料理も一〇〇メートルを一〇秒で走るのも、練習しなければ決してできないことだからです。

一方で、何らかの原因で歩くことができない場合は、一般的に「歩行障害」という言い方をします。訓練しなければできない行為には「障害」とは言わず、逆に、訓練しなくてもできるとされていることにだけ「障害」の言葉を使う。大変乱暴な物言いですが、「障害」とは、本来ふつうできてあたりまえのことができない事柄についてのみ、使われる言葉なんです。

ではなぜ「コミュニケーション障害」という言葉が存在するのか？　それは世間が、コミュニケーションは簡単なもので、ふつうにできて当然と思っているからなんです。コミュニケーションは歩行のように誰にでもできる、世間的にはできてあたりまえと思われているから障害の語がつくわけですね。それで世の中では「コミュ障」なんて言う。それはたいへんな誤解だと思うんです。

コミュニケーション、すごく難しいですよ。決して最初からできてあたりまえではない。その意味でぼくは、**世の中で一般的に使われている障害の語は、コミュニケーションには当てはまらない**と思っています。

水泳や料理と同様、コミュニケーションも練習しなければうまくなりません。それを「コミュニケーション障害」と言うのは、その大前提を覆い隠してしまっていると思う。コミュニケーションを円滑にとることができないと気づいているなら、練習してうまくなるより他ないんです。

「コミュ障」の定義

コミュニケーションを支えているのはさまざまな技術であって、多くの場合、いきなり上手にできることではありません。〈でもやっぱり、現にコミュ障って言葉は存在する〉。そのとおり。言葉が存在するってことは、そういう現象も、実際にそれで悩んでる人も、多くいる証拠です。なのでここは、あえてコミュ障という言葉を使って話を進めます。

もう一度、確認します。医学的な意味合い以外でコミュニケーション障害という言葉を使うのは、そもそもおかしい。「水泳障害」と言わないのは、練習しないと泳げないって世間的に思われているから。一方で「コミュニケーション障害」と言うのは、練習しなくてもコミュニケーションはとれるって世間的に思われているから。でも実際には、コミュニケーションがうまくとれずに困ってる人がたくさんいる。ぼくがまず指摘しておきたいのは、その世間一般にある矛盾です。

そこでいま、ニコニコ大百科に「コミュ障」の定義を記したものがあるんですが、これがたいへんよくできた解釈なので、適宜改編したものをちょっと読んでみます。まずその概要。『「コミュ障」とは『コミュニケーション障害』の略である。日本の国民病のひとつで、他人との他愛もない雑談が非常に苦痛、あるいはとても苦手な人のこと』。うん、皮膚感覚としてとってもよくわかる。

その次がすばらしい。「コミュ障にできないのは、あくまで休み時間などにおける友人や知人との、どうでもいいけれどじつに楽しげな会話である」。そうです、多くの人は、職場や学校でどうしても必要な会話については、かろうじて可能であるという解釈です。

そのうえで、コミュ障の症状としては以下のような事例があるという報告。「人見知りで言葉が淀みがち、口下手で滑舌が悪い、話すこと自体に劣等感を抱きうまくしゃべれない」。わかります。「文章だと理解できるが会話になると途端にわからなくなり、パニックに陥ってしまう」。まさにそうですね。

さらにいきます。「必要以上に空気を読み、自分の発言がその場を悪くするのではないかと不安に思ってしまう。その結果として、人に嫌われるのではないかと考え言葉に詰まる」。ホント、そのとおり。先にも触れましたが、**コミュニケーションに悩みを抱えている人というのは、基本的に人見知りで、自分がいることで相手に嫌な思いをさせたくないって気持ちが強い**んです。

ここまで、コミュ障の定義。すごく具体的でわかりやすいですよね。でもね、その次にある処方、コミュ障の改善方法なんですが、ここになんて書いてあるか？「自分に対して、ちょっとだけ自信を持ってみる」。ここ、なんじゃそりゃー！　って思いませんか（笑）。自信は「持て」って言われて持てるものじゃないでしょう。それができるんだったらいちいち悩まないですよね。

「自信を持て」って言われても

でもよく考えてみてください。自信を持つとはどういうことか？　それって結果なんです。処方でもなんでもない。

コミュニケーションがうまくいった結果、自信が持てるようになるのはわかる。でもいきなり「自信を持て」では何も言ってないのと一緒です。そんなのただの精神論だし説教でしょう。もし「自信を持て」を正しく「うまくいくよう努力せよ」と言うなら、まだわかる気がする。でも「じゃあどうしたらいいの？」って疑問には答えられていません。そこはもう一歩、技術論として翻訳しないとイカンとぼくは思う。

そう、〈タダで自信を持てれば苦労はない〉〈方法とか手段が抜け落ちてる〉〈自信は経験から身につくもの〉って、みんなそう思うでしょう！　ここがね、問題なんです。結局、コミュ障を克服する、コミュニケーションがうまくなるって言ったときに、その**技術を考えなければニッチもサッチもいかない**んです。

ぼくの場合はしゃべるのが仕事なので、意識的かつ強制的にそこを考えなくちゃいけなかったんですね。最初のうちは右も左もわからずに、やみくもにやってズタボロに何度もなったし、相手にもずいぶん嫌な思いをさせてきたと思います。ただ、それはもう、自分だけでいいよって思った。

そう思えばこそ、ぼくは決して「自信を持て」とは言いません。ただ「うまくいくよう努力せよ」は、どうしても残る。全部がんばらなくていいかって言ったら、正直それは無理でした。本当に役立つ技術がなんの努力もなく手に入るほど虫のいい話ではなかった。

でも、できるだけがんばる回数を減らして、効率を考えたエッセンシャルな「じゃあ、どうするか」に還元していくつもりです。

最高のコミュニケーターになる可能性

不思議なことに、最初からスイスイ泳げる人っていますよね。同じように、生まれた当初からコミュニケーションの才がある人もいます。残念ながらそういう人たちには、コミュ障の気持ちをいまひとつわかってもらえない。思いやりがないとか冷たいとかではなくて、コミュニケーションに抵抗を感じる、人につまらないと思われるのが怖い、そんな状態が現実離れしていて認知できないからです。

コミュニケーションに悩みを抱えずに生きて来られた人は、最初からおしゃべり上等でスタートしているので、誰とも楽しく会話はできるかもしれませんが、コミュ障に共感することは難しい。でもコミュ障を克服した人は、いつまでも共感することができる。最終的により優れたコミュニケーターになれるのは、まず人見知りでうまくしゃべることができない人だとぼくは思っています。コミュ障であることは、むしろ最高のコミュニケーターになれる可能性を持っているんです。

たとえばもし、「味覚なんて要らない」と本当に思っていたら、その人は自分のことを味覚障害だって悩まないはずですよね。味覚が失われたことを障害だとは思わないし気にしない。でも現実、どうでしょう。そんな人いないと思う。コミュニケーションも同じ、うまく話せない、いつもすれ違いで話が噛み合わない、これはツラいはずです。そういう思いをふだんからしている人、自分でコミュ障だと思っている人は、その**悩み自体がコミュニケーションに対して価値を感じている証拠**なんです。

よく誤解されるんですが、ぼくはお調子者だからラジオパーソナリティが務まっているんじゃありません。いまでもコミュ障の悩みを抱えているからこそできるんです。練習して、場数を踏んで、絶不調でもようやく人に迷惑をかけない程度にはコミュニケーションがとれるようになった。失敗してもだいたい論理化できるようになって、即座に修正を利かせているだけの話です。

コミュ障、恐るるに足らず。それは、可、能、性、の、入、口、なんです。

コミュニケーションは敵と味方を峻別する

〈エレベータはツラいけど、喫煙所が楽なのはなんでだろう〉。これはいいテーマですね。ぼくはタバコを吸いませんが、確かに喫煙所で何かが起きてるって話はよく聞きます。喫煙所は一時的にコミュ障から開放される場所なのかな。やっぱりいま、タバコを吸わない人が多いから、マイノリティどうしの繋がりができるのかもしれない。

このテーマは、人によってはツラいだけのコミュニケーションが、なぜふだんから身のまわりにあるのかという根本に関わる話でもあります。

平たく言ってしまえば、コミュニケーションには敵と味方を峻別する機能があるんですね。コミュニケーションをとることができる人は味方、コミュニケーションをとることができない人は敵。それが基本。もっと踏み込んで言うと、敵は殺してもいい、でも、味方は殺しちゃいけない。

じつは人類史上、一度も「人を殺してはいけない」というルールが存在したことはないんです。でも「味方を殺してはいけない」っていうルールはずっとある。つまり「敵は殺してもいい」というのが、いま現在に至るまで人類の基本的なルールなんです。

それを考えると、コミュニケーションをとれる相手は味方だから、殺しちゃいけない。いろんな人たちとコミュニケーションがとれていれば誰も殺さずにすむし、誰にも殺されずにすむんです。**コミュニケーション能力は技術を磨いていくと命を助ける**んですね。

喫煙者どうしのネットワークはその一例で、なんとなくおたがいに味方なんだと思う。

マイノリティの喫煙者には嫌煙者というマジョリティの仮想敵がいる。タバコから人類のルールまで、なんだか壮大な話になってしまいますが、コミュニケーションの歴史はゆりかごから墓場までよりずっと長いんです。

下って現在、喫煙所どころか、コミュニケーション可能なチャンスはすごく増えています。ケータイもメールも、ツイッターなどのソーシャルネットワークが登場したのなんてごく最近です。でも、チャンスは増えたけどそれでコミュニケーション能力が上達したかというと、どうもそうではないらしい。

かつてはまわりの人たちとじかにつき合って、なんとなくコミュニケーションの輪を広げていくしかありませんでした。いまだに喫煙所がその機能を果たしているのかもしれない。そもそもオタクって言葉ができたころもそうでした。ふだんはコミュニケーションが苦手でも、ある共通の、マイノリティの趣味が合えばなんとなく仲間が集まって話ができた。

それがいま、どれだけチャンスが増えたといっても、コミュニケーションは簡単になるどころか問題は浮き彫りになる一方です。コミュニケーションの困難さは機会の増加によっては解決しない、結局は身体という地平を超えていくことはできなかった。むしろコミュニケーションの機会が増えたことによって、それだけ失敗する度合いも増加してしまったんです。結果、もうコミュニケーションは失敗してあたりまえになっている。ぼくはまず、その現実を見据えることからはじめるしかないように思います。

ふだんの会話をモニタリングしてみよう

となると当然、じゃあどうしたらいいの？　って話になりますよね。そこでひとつ、コミュニケーションにおける重要な基本技術をお話しします。

毎日、呼吸するように会話をしていて、いまコミュニケーションがうまくいっているか否か、常に自分でモニタリングすることです。

この瞬間コミュニケーションがうまくできてると思えれば、ツラくない。逆に、うまくできてないと思ったら、ツラくなる。そこは自己評価でいいと思う。あくまで相手がいてこそのモニタリングなんですが、**うまくいったかどうかの判断は自分だけでいい。自分の側が成功していると思えたときは、相手もだいたい成功している**からです。

ふつう、話をしていたら、意図せず人の顔色をうかがってしまうものです。コミュ障や人見知りならとくに、目のまえの人がどう感じているのか気になりますよね。そこをぐっと我慢して自己評価をしてみる。もしうまくいっていないなと思ったら、そこが練習のしどころです。

相手をよく見て、話を聞いて、まずはモニタリングする意識を持つこと。そこからはじめましょう。その意識が自分を救うし、みんなを気持ちよくさせるはずです。

コミュニケーションとは何だろう？

コミュニケーションとは、気持よく、楽になる営みである。意思や思想の伝達より先に、エレベータの気まずさを解消することです。世間は誤解しているようですが、コミュニケーションは難しいです。そのスキルは練習して、身につけるものです。

失敗していいんです。失敗しているうちにときどき成功して、その気持ちよさを積み上げていくことでしか、自分の命を助けることはできないんです。

2 「コミュ障」だった私

コミュ障がラジオアナウンサーになった！

コミュ障のぼくの症状は、具体的にどんなものだったか。まず人から「つまらない」と言われるのが怖い。人と会うことが非常に苦手でした。

やがて初対面のときはそれなりに盛り上がるところまできるようになるんですが、その後二回目に会ったとき、「あれ、この人そんなにおもしろくないな」と思われるのが怖いっていう段階が来る。その壁を越えるといつか「もう、どうでもいい」というところにたどり着くんですね。

初期段階では、人に迷惑をかけたくないとか、つまらないと思われたらどうしようとか、まだ自己顕示欲が働いている。それがやがて、固執するのをやめるというか、誤解されてもいいって自分を突き離すことができたんです。

いちばんはじめの何もできないときは、アナウンサーで食って行けるのかどうか、本当に不安でした。二回目でつまらない顔をされたときも、もちろんそう。でもそのあと、もうどうでもいいやってなったときに、「あ、食えるかな」って思ったんですね。

そんなふうに思えるまでいろんな出来事があったわけですが、人から「つまらない」と言われるのが怖かったのは、その裏に、**そもそも「おもしろいと思われたい」という欲が歴然とあったから**なんです。

そんな「出来事」のひとつ、ぼくの入社当時の話をしてみたいと思います。

宴会場で新入社員歓迎会が催されて、同期の新人が一人ひとり壇上に登ってあいさつをする。先輩社員に向けて何かしゃべるんですが、またこの業界のよくないところは「ここはラジオ局なんだから、きっとおもしろいことを話してくれるんだろうね」みたいな無意味なプレッシャーがあるわけです。

そういう雰囲気のなかで、ここは何かやらなきゃいけないってヘンに意気込んでしまった。アナウンサーどころかディレクターとして入社した同期のあいさつが結構おもしろかったりして、さらにプレッシャーがかかる。いま思えばふつうに出て行って、にこやかにしゃべって戻って来るだけでよかったのに、俄然、場を盛り上げるべきだと思っちゃったんですね。「どうする!?」、切羽詰まりました。

それでぼくはなにを血迷ったか、「それではみなさん、ご唱和ください。イチ、ニー、サン、ダー！」とやってしまったんです。

きょとーん、ですよね。誰も反応してくれない。ひとり振り上げた手をすぐには下ろせなくて、徐々に、細かく震わせながらゴマかす感じ。いきなりテンパっちゃって、「あれ、アナウンサー入社の若者、いま何してくれたの？」みたいな空気が会場を包む。全体が水を打ったように静まり返って、ホントにスベったことを克明に憶えています。

いま思い出しても身体がきゅーっと萎むくらい恥ずかしい。コミュ障の壁を超えるまでの症状がいかに重かったか、捨てられたらいいのに捨てようがない黒歴史の一幕です。

相手の目を見ることができない

ぼくはもともと、アナウンサーになるつもりはありませんでした。それよりコンピュータ雑誌の編集者になりたかった。人を相手にするより最新の情報を相手にする仕事。いまでもマンガとアイドルとデジタル機器に関してはいつのまにか情報を更新していて、ＩＴ関連やエンターテイメント系の雑誌で連載までいただいているわけですが、それはそれでものすごく楽しい。アナウンサーとはべつにそういう仕事をしていると、ぼくはつくづく、基本的にコミュ障なんだなって思います。

現在でも目を合わせてしゃべるのは苦手です。いまをときめくアイドルがぼくの番組にゲストでいらっしゃっても、ほとんど目を合わせることができません。

これはマンガ家の東海林さだおさんが、かつて外国人力士が話題になりはじめたころ、仕切りのときに睨み合うことについて書いているんですが、相撲で時間いっぱいになるとガンを飛ばし合いますね。あれは、ガンを飛ばし合うことがストレスになる人たちどうしだから威嚇行為になると言うんです。日本人は目を合わせることが苦手な人が多いですよね。ところが東海林さんによると外国人力士である小錦は平気で見てるって指摘をされたんです。威嚇にならない。

目を合わせることについてはタモリさんもおもしろいことを言っていて、人がしゃべっているときは、サングラス越しにでも相手の目は見ていないんだそうです。相手がしゃべってるときに目を見てしまうと、目線で射すくめてしまうから。タモリさんが**人の目を見るときは、自分がしゃべる番**なんだっておっしゃるんですね。

話を聞いてるときに目を見ると相手が話しづらくなってしまうので、タモリさんは鼻を見るって言うんです。鼻を見ていると相手はしゃべりやすくて、しかもきちんと注意が向いてるなって感じる。そばに誰かいたら試しにやってみてください。目を見てる状態から、すっと鼻に替えます。ずいぶん違うでしょう。どちらの圧が強いかというと、目を見られてるほうだってわかると思います。

●「聞き上手」というナゾのスキル

さて、そんな相手の目も見ることができないコミュ障がどうしてラジオアナウンサーになったのか？　大学の就職課に募集要項が貼ってあったから。きわめて単純な事情です。でもそれは、職業としてアナウンサーに就いただけのことですよね。ではどのような経緯をたどって、少なくとも人前で話をして大丈夫なくらいになれたのか。よくよく考えてみると次の三つのステップがあったように思います。

①自己顕示欲がなくなったこと
②コミュニケーションは「ゲーム」なんだと気づいたこと
③コミュニケーションの盤面解説ができるようになったこと

もちろん、どれもが一朝一夕に実現できたわけではありません。むしろ思い出すのもツラい、長い葛藤の日々でした。

まあ、上司や先輩アナウンサーからいろんなことを言われるんです。なかでもいちばん困ったのが、「聞き上手」になれという話。

よく考えてみてください。聞き上手、ナゾのスキルじゃないですか？

たとえば、走れって言われたら、とにかく走りゃいいんです。同様にしゃべり上手になれって言われたら、習得方法はべつとしても自分で努力のしようがある。でも聞き上手って自分じゃないんです。話をうまく引き出すことだと言われても、話をするのは相手であって自分は聞くしかない受け身の状態です。

聞き上手にはなりたい。でも魔法使いじゃないんだから、相手がしゃべってくれるよう念を送ればどんどん話をしてくれて、それをすべて聞けるなんてことはありえないでしょう。

では、何をして聞き上手と言うのか。サッカー選手だったら足が速くて持久力があって、正確にボールを蹴る能力とかゴールキーパーなら背の高いほうが有利だとか、いろいろ特徴があるし練習の方法もある。でも聞き上手ってどうやって練習すりゃいいんだと、本当に悩んじゃったんですね。

同じような話で、そのころ「アナウンサーがいるのにその場が盛り下がったら意味がない」と言われてすごくショックを受けた。そのとおりですよね。何のために現場にアナウンサーがいるのか。実際に番組がおもしろくならなければ、キャスティングされている意味はない。アナウンサーになりたてのころはそんなふうに、なんだかんだうまくいかなかったわけです。

たとえばナンパをしたくても、そもそも人に声をかけるのが怖かったらできませんよね。でも、ラジオのアナウンサーというのは、声をかけるのが怖いからといって黙ったままですむ職業ではなかったんです。あたりまえのことです。イベント会場や街頭ロケへ行って、片っ端から声をかけ何度も気まずい思いをする。悩む。でも途中で止めるわけにいかない。声をかける。気まずい。悩む。そのくり返し。

毎日毎日、コミュ障にとってはツラいです。だからといって仕事をほったらかすことはできない。でもそうしているうちに、自分のことがいつしか、どうでもよくなってきたんですね。**答えてくれなくてあたりまえ、話しかけてくれなくてあたりまえ、人から興味を持たれなくてあたりまえ**、そうなってきた。いちばんはじめのステップはそこらへんにあったのかもしれません。

ぼくに興味がある人なんかいないんだってことを、あきらめではなく事実として、肌で知った。そうしたら自己顕示欲が干乾びていったんですね。「つまらない」と言われるのが怖くなくなっていた。それがまず最初の、大きなターニングポイントだったように思います。

コミュニケーションの定石

そこでぼくは、コミュニケーションのトレーニングをろくに積んで来なかったことに気がついたわけです。「つまらない」と言われるのが怖いという思いが、練習の妨げになっていたんですね。サッカーだってケガが怖いと思ってたら練習にならないし、一向にうまくなりません。まずは場数を踏んで、自分で解決の糸口を見つけるしかなかったんです。

そうして実践をくり返しているうちに、コミュニケーションはおそらく「ゲーム」なんだと考えられるようになった。それがふたつめのステップです。

会話が上手だなって思える人は、コミュニケーションの瞬間瞬間に意味を見出し、その都度ふさわしいテクニックを駆使しています。そこへ近づくためには言葉のやりとりを一回一回、ゲームとして認識することが重要だったんですね。ゲームであれば当然ルールや技術があり、練習して磨いていけば誰でもコミュニケーション能力は上達するものだと知った。

そうするといろんな事柄が明らかになってきて、ひとつに、コミュニケーションには「定石」があるらしいことが見えてきたんです。

コミュニケーションには、こう来たらこう受ける、こう受けたらこう出すという「型」がたくさんある。それはある種のパターンで、反復可能だし人に教えることもできる。定石を駆使するだけで、いまこうなってるからこっちへ振ってみようとか、相対的なコミュニケーションがとれるようになったんですね。

たとえば、プロのパーソナリティどうしで番組をやらせていただくと、すごく気持ちいいんです。話をどう転がしたらうまくいくか、おたがいに知っているからです。事前に相談しなくても、こう来たらこう出す、そう振るんだったらこっちで受ける、みたいな話の筋道がだいたい読める。八割か九割が定石なんです。でもそれだけだと飽きちゃうから、わざと定石にはない話を蹴り込んで驚かせてみたり、ゲームとしての会話を自然に楽しむことができるんですね。

会話の盤面解説

ここで定石の具体例を挙げようと思ったら、〈尊敬されたら謙遜する、みたいなこと?〉って、みんなの反応のほうが早かった。尊敬されたら謙遜する、もちろん定石のひとつです。

でもそれだけじゃない。尊敬されたら「だろぉ?」と答えて軽いなあって笑うのも定石だし、「そんなぁ……」ってちょっと照れるのも定石。どんな定石を選ぶかは時と場合によって異なりますが、その取捨選択から会話のバリエーションは広がっていきます。

なんでそんなことが言えるのか? コミュニケーションをゲームとするなら、ふだん交わされている会話は、その過程を分析して解説することができるからです。その足がかりになるのが、定石というパターンなんですね。

定石って意外とあるんです。誰しもたくさん身についてる。「ありがとう」って感謝されたら「こちらこそ」って返すのも定石。「どうも」も「どういたしまして」も「そんな」も「いえいえ」も全部、定石です。そうやってずっとコミュニケーションをモニタリングしていたら、いつのまにかコミュニケーションの盤面解説ができるようになっていたんですね。それが三つめのステップです。

テレビでプロの棋士が、棋譜を示しながら盤面解説するでしょう。「この一手はこういう意図があって、その流れだったら次はこんな手が考えられる」みたいな分析をする。同じように、**コミュニケーションをゲームと捉えると、その流れから「この質問だったらこう受けるのがベスト」とか、「この答えだったらこっちに話を振ったほうがいい」とか分析できる**んです。

昨日も、一緒に番組をやってる声優の女の子が取材されているところをモニタリングしていたんですが、どうもインタビュアーが素人で、彼女がすごくしゃべりづらそうだったんですね。その様子を見ながらぼくは勝手に話のやりとりを分析してしまうんです。もう途中からコーチングしたくなってきて、「いま、この手からこう来てるけど、そっちじゃなくて、こっちへ行かなきゃいけないのに、何も考えないとそっちへ行っちゃうのはわからなくはないな。でも、そこはもう経験則で絶対にこっちのはずなんだけど」みたいにひとりで盤面解説してる。そんなふうに会話の棋譜が見えるようになり、とりあえずはどんな相手とも話ができるようになっていきました。

コミュニケーションの戦術とは

もちろん、場数を踏んでいるうちには、失敗もいっぱいありました。そこでぼくは、コミュニケーションは失敗も成功もあるゲームなんだと思って、今回の会話がなぜうまくいったか、どうしてうまくいかなかったのか、その原因と結果を一つひとつ自分のなかに蓄積していったんです。

〈失敗も成功も結果論にすぎないのでは？〉って、ぼくが言ってるのは必勝法ではありません。会話のプロセスには、失敗や成功に繋がる無数の原因と結果が連続してあるんです。その場のコミュニケーションの展開、あり方を常にモニタリングして毎日しゃべっているうち、ある程度パターンが見えてきた。会話には、全体の結果以前にその都度プロセスを左右する細かな要素があるってわかったんですね。

サッカーでよく言われる戦術にしても、過去のゲーム展開を分析して、その過程にある無数の原因と結果を積み重ねて、より効果的な攻略法を構想するものですよね。それが必勝の戦術にはならないかもしれない。でも、少なくとも昨日よりはいい成績を生み出すためにスカウティングしているはず。そうして日々更新されていくのが戦術だと思うんです。

過去のデータを研究してゲームに勝つ確率を上げることが、戦術には求められる。でも万能の戦術なんてものはない。対戦相手や選手のコンディションや、刻々と変化する細かな要素を加味して最善の戦い方を選択するだけなんです。

囲碁でも将棋でも、過去の対局が研究され蓄積され定石になって、そのうえで新しい戦術や差し手の個性が現れる。コミュニケーションも一緒です。結果論ってところで終わっていたら、プロのインタビュアーやアナウンサーなんて職業は成立しません。高い確率で意味のある話を引き出せる人がいてはじめて、コミュニケーションが商売として成り立つんです。なんて偉そうに言ってみましたが、結果を改善する方法が具体的にわからないから、もうコミュ障のままでいいと諦めてしまっている人も多いんじゃないでしょうか。

くり返します。**サッカーに万能の戦術がないように、会話にも必勝法はありません。ただ、勝率が高くなる戦い方はあります。**それを結果論だって言いたくなるのは、きっと最初からギャンブルしてしまっているからです。会話のプロセスをはじめから運の流れに任せてはいませんか？　そうではなくて、コミュニケーションは技術によって改善できるんです。

3 コミュニケーションという「ゲーム」

●コミュニケーションを「ゲーム」と捉える

雑談でもムダ話でも、できたら気持ちよくコミュニケーションをとりたい。みんなそう思いますよね。でも困ったことに、ザックリとそう感じていても、ザックリしすぎで考えようがないのが現実だろうと思います。そこに明確な方法論がない。そんな曖昧な状態を足がかりに戦術は組み立てられません。

そこでぼくは、その方法論をもっと具体的に考えられはしないかと思った。そうしているうちに、コミュニケーションは「ゲーム」なんだという気づきがあったわけです。コミュニケーションをゲームと捉えて、**ルールあるものとして見たときに、どうしたらいいかがはじめて技術的に考えられる**ようになったんですね。

サッカーでも単にボールを蹴ってるだけじゃおもしろくない。ボールがあるだけのフィールドで、もし、ルールはありませんと言われたら何もできない、どうしたらいいかわからないでしょう。ところがゴールの幅を決めてボールを蹴りはじめると、あそこに入れたらいいのかって、ゲームへ参加している人全員がいろいろ考えられるようになりますよね。

ゴールにボールを入れるためにはこう動くと効率的なんじゃないか、プレーが繋がるんじゃないか、みんなのなかで自然と共有できる言葉が生まれる。すると相手も、じゃあこうやってフォーメーションを組んで攻撃を防ごう、ゴールを守ろうみたいなことが考えられる。ボール遊びがゲームになるんです。

実際にサッカーを見てると、動きが止まらないまま、敵がボールを持った瞬間にチーム全員が戻ったり、ボールを奪った瞬間に全体の動きが変わったりするでしょう。一秒前までとは全然違った動きをはじめる。サッカーというゲームはそのように動くと得点が生まれやすいって、プレーヤー全員が知ってるからですね。

コミュニケーションも同じだとぼくは思う。コミュニケーションをゲームと捉えないと、会話はふわふわして曖昧なまま、うまくいっているかそうでないか評価ができない。評価できないものはどこをどう修正すればいいかわからないので、うまくなりようがありません。コミュニケーションをゲームと捉えると意味のある練習ができるようになるんですね。

●コミュニケーション・ゲームの特徴

サッカーがうまくなりたければ当然、具体的な練習をします。トラップの練習、パスの練習、ドリブルの練習、あるいは一試合分走り続けられる体力をつくるためにランニングをする。しかし、いまのところコミュニケーションをうまくとりたいとすると、どうしますか？　何をどう練習すればいいか、どの部分をがんばらなければいけないのか、茫洋としてませんか？

うん、〈新聞を読む〉。間違ってない。間違ってないけど、コミュニケーション能力の上達のためになぜ新聞を読むのか、知りたくないですか？　本当に興味のある話ならともかく、人と話を合わせるだけの動機だったら結構タイクツですよね。だからそこを、全部コミュニケーションをうまくとるために意味のある練習へ変えていきましょう。そうすれば身につきやすいだろうし、実りも大きくなるはずです。

それにはまず、コミュニケーション・ゲームのルールを設定して、勝ち負けをハッキリさせるところからはじめたいと思います。ルールがなければ戦い方もわからないし、勝ち負けがないと上手も下手も見分けがつきません。では、コミュニケーション・ゲームのルールとはどんなものなのか。その特徴は次のようにまとめられます。

①敵味方に分かれた「対戦型のゲームではない」、参加者全員による「協力プレー」
②ゲームの敵は「気まずさ」
③ゲームは「強制スタート」
④ゲームの「勝利条件」

以上の四つです。

サッカーが相手チームより多くゴールして勝つことを目標とするなら、コミュニケーション・ゲームの目標は、参加している人全員が会話を通じて気持ちよくなることです。

●対戦型のゲームではなく協力プレー

まずコミュニケーション・ゲームの最大の特徴は、「敵味方に分かれた『対戦型のゲームではない』」ことです。ゲームの参加者全員が味方。同時にゲームである以上、全員が勝つこともありえるし、全員が負けることもありえます。

コミュニケーションがうまくいかないと、その場にいる全員が嫌な気持ちになりますよね。あるいは誰かひとりだけが気持ちよくなって他の人はみんな居心地が悪くなる。

コミュニケーションをゲームだと言うと、ともすれば相手に勝つことが目標と誤解されがちです。無意識に相手よりも優位なポジションを占めようとしてしまう。しかしそれが目標ではありません。コミュニケーション・ゲームは「参加者全員による『協力プレー』」だからです。

はい、〈協力プレーってことは、誰かのせいで負けたりしませんか?〉。ありえますよね。でも誰かのせいで負けそうになったとき、まわりの人が助けられるんですよ。「対戦型のゲームではない」「協力プレー」というのは、そういう意味。みんなで楽しむゲームです。〈共同作業?〉。そうかもしれない。でもそこはゲームって言ったほうが楽しくないですか?コミュニケーションは作業ではないと思います。

コミュニケーション・ゲームは、相手を言い負かすとか、自分だけが気持ちよくなることを求めません。**相手が気持ちよくなれば、自分も気持ちよくなる。相手が楽なら自分も楽だという一蓮托生のゲーム**なんですね。

だから、討論に勝って大満足なんてナンセンス中のナンセンス。もし討論に勝ったことがあったとして、そのとき本当の意味で気持ちよくなりましたか? たんに幼稚な勝ち負けの感情が満足しただけではないでしょうか。もちろん討論のなかに共感や、気づきや、教えられることが大いにあったなら、それは良いコミュニケーションだったと言える。でも、討論に勝った負けたという結果はコミュニケーションの質とはまったく関係ありません。

端から見て自分が優位であることを示しえたとしても、劣位に置かれた人は決して気持ちよくないですよね。「絶対に勝つ討論術」みたいなコミュニケーションは、誰かにネガティヴな思いをさせる対戦型のゲーム。コミュニケーションはあくまでその場にいる全員の快楽をもって勝ちになるゲームです。

敵は気まずさ

では、協力プレーをするなかで何と戦うのか？　対戦型じゃないとはいえゲームである以上、倒すべき敵は存在します。「ゲームの敵は『気まずさ』」です。

みんなでパーティを組んだRPGに喩えると、魔王は「気まずさ」。敵は、人ではありません。相手じゃないんです。むしろまわりにいるプレーヤーをひとりでも傷つけたら先に進めません。プレーヤーどうしおたがいを守りながら、気まずさを回避するゲームです。

ただ、それをまわりに伝えて「これはゲームなんだから、協力して気まずさを駆逐しましょう」なんて提案するのは不自然ですよね。そんな人がいたら引いちゃうし、逆に倒すべき気まずさが発生してしまいます。

なのでここは、目のまえにいる相手は敵じゃなくて、協力プレーの仲間なんだと自分ひとりで勝手に解釈すればいい。それが気まずさを排除するための第一歩、**全員が味方のプレーヤーなんだと思って、自分から積極的に協力プレーを意識する**だけでOKです。

●ゲームは強制スタート

先にエレベータ内の会話は強制的かつ自動的にスタートしてしまうって話はしましたね。コミュニケーションは目のまえに相手が現れたとたんに参加させられ、いつでもどこでもはじまってしまう強制ログインのゲームです。

人間として生まれた以上、コミュニケーション・ゲームは攻略せざるをえない必須の営み。オギャーっていう第一声からゲームに強制参加させられています。それを一所懸命やるかどうかは人によって違うかもしれないけれど、それぞれに持っている**自己意識とはまったく関係なく、生きてる限りログアウトできないゲーム**なんですね。

そうですよね、〈しんどいなあ〉って溜息をつく気持ちは痛いほどわかります。時と場合によってはこんなゲームやりたくない。でもいつはじまるかわからないゲームだからこそ、その攻略法を体感的に身につけておく練習や、ふだんからのウォーミングアップが大切になってくるわけです。

もちろんぼくだって、できればやらずにすませたいコミュ障な気持ちは残っています。でも、いつか誰かとコミュニケーションをとっていて、ああ楽しかったなあと感じた経験はみんなあると思う。コミュニケーション・ゲームはうまくなったら楽しいんです。人生のなかで毎日、何千回、何万回とプレーするしかないんですから、コミュニケーションがうまくとれるようになることで得はあっても損など一個もありません。

ゲームのさまざまな勝利条件 1

コミュニケーション・ゲームにおけるゴールとは何か？　それが四つめの特徴「ゲームの『勝利条件』」です。

たとえば将棋というゲームだったら、相手の王将を詰ませれば勝ちですね。サッカーだったら相手より多くゴールネットを揺らせば勝ち。同様に、コミュニケーション・ゲームにも「勝利条件」があります。でもそれは、将棋やサッカーのようにひとつではない。

では、どんなことがゲームの勝敗を分けるのでしょうか？　とてもシンプル。コミュニケーションをとったあとに元気が出るか、精神的に疲れてしまうかです。会話が終わったとき、テンションが上がっているか下がっているか。前者が勝ちで後者が負けです。ゲームに参加しているプレーヤー全員が元気になる、テンションが上がる、そういう**ポジティヴな結果がコミュニケーションのゴール、得点シーン**です。

もちろんそうしたポジティヴな結果はひとつではありません。ゴールにはいくつかの種類があります。

ここで、おたがいが楽しくなる勝利条件を一緒に考えてみましょうか。コミュニケーションをとって元気になるときはどんな瞬間でしょう？　たとえば「笑う－笑わせる」。笑うと単純に元気が出るし、逆に人を笑わせたときも気持ちがいい。

いいですね、〈尊敬する－尊敬される〉。まず尊敬される、「すごいですね！」って本気で言ってもらえたらうれしいですよね。一方で、相手を尊敬できるってすばらしいことじゃないですか。この人すごいなあって思うと、逆に恐れ多くなっちゃったりするときもあるけど、恐れ入る相手がいること自体、幸せだと思います。

同様に「好く－好かれる」もそうですね。好かれるのはもちろん誰でもうれしい。逆にこの人好きかもって思えることもラッキーじゃないでしょうか？　〈自分は好きになったのに、相手に嫌われたら悲しい〉。ああ、あとから考えるとそうですよね。でも、好きな人ができた、接触するだけで快がある、まずそんな感情が自分のなかに生まれたことは、いずれにせよラッキーじゃないですか。悲しくなるかもしれないから好きになりそうな気持ちにブレーキをかける。まったく意味がないと思います。

尊敬されたい、好かれたい、と望んでも、それは相手の判断。相手の気持ちをコントロールすることはできません。でも、自分の意識を切り替えることはできるはずです。好きなものや尊敬できる人が増えるのはいいことですよね。さらに言えば、他は知らないけどこの人の魅力は自分だけがわかっている、と思えるのは最高の喜びだと思います。

ゲームのさまざまな勝利条件 2

他にどんなものがあるかな？〈喜ぶ－喜ばれる〉〈ビックリする－ビックリされる〉。そうですね、ポジティヴに驚くのはとってもいいことだと思います。テンションが上がる。とくにビックリするっていいですね。ビックリしたい、喜びたいと思ってゲームに参加している人は、なんか憎めないというかチャーミングじゃないですか。笑われたいとか呆れられたい、バカと思われたい、そんなふうに自分をあえて愚者の方向へ引っ張るような意識は、あとで技術編でも触れますが、コミュニケーション・ゲームの戦略としてたいへん重要です。

はい〈共感する－共感される〉。自分だけかもしれないと思っていた感想を口にして、それを同じように受け取ってくれる人がいたときのうれしさ。反対に、自分では言葉にできなかった感覚を人が口にしてくれたときの気持ちよさ。もうそれだけで友だちになれるような気がしますね。

なるほど〈教える－教えられる〉。まさにゴール！教え合うというのもいいですね。自分の知らないことを相手がいろいろ教えてくれる。ラジオの鉄板企画のひとつです。自分の知らない職業の話だとか、専門の話だとか、人間誰しも基本的に教えたがりだと思うんです。自分の知ってることが必要とされるって、絶対的にうれしいでしょう。

コミュニケーション・ゲームの勝利条件は、他にもまだまだいっぱいあると思います。ぼくはできたら、コミュニケーション・ゲームの勝利条件を全部知りたい。辞典をつくりたいくらいです。

●プレーヤーとして意識すること

コミュニケーションは、一場面一場面すべてが勝負です。ここはうまくいったぞ、ここはちょっとマズかったな、そんなふうに会話をモニタリングしながらいちいち実感を持っていると、やっぱり勝ちたくなるものです。**ふだんから勝利条件を目指して、**の**目のまえで変化する状況に一喜一憂する**ような意識を持っていると、それだけでずいぶんコミュニケーションケーションの質が変わってきます。

少し脱線しますけど、その意識の持ちように関して〈「ありがとう」をつい「すみません」と言ってしまう〉って、これね、コメントしてくれた人、もうわかってるも同然！

野球に喩えると、また外角球を引っかけて凡フライになってしまった、同じ失敗をしちゃったってなったときに、次は引っ張るんじゃなくて流し打ちを心懸けよう、どうにか右へ打とうと思えば練習になりますよね。そこはがんばりどころだってわかる。同じように、「ありがとう」って言ったほうがいいところを、身体のクセでつい「すみません」と言ってしまうと気づくことができたら、そこはもう直せる可能性があるはずなんです。反射的に「すみません」と言ってしまうけど、「ありがとう」のほうがふさわしいとすでにわかっているなら、そこがポイントです。自分で問題を意識できたら克服することもできますよね。コミュニケーション・ゲームの本番は強制的に次々押し寄せて来るんですから、課題さえ意識していればそのうち自然に改善していきます。

●ゲームをより楽にプレーする基本

コミュニケーションはゲームである以上、「こうすれば一〇〇パーセントうまくいきます」とは絶対に言えません。コミュニケーション・ゲームにおけるテクニックや勝利条件は網羅できないからこそ、一人ひとりが違うスタイルを身につけていく必要があるんです。

ただ何度も言うとおり、できるだけうまくいくよう確率を上げていく方法はあります。その基本はたったひとつ。人にしゃべらせる。これだけです。人に楽しくしゃべってもらう。最初に話しかけるとき以外、自分からしゃべる必要はない。ぼくは何を訊こうか決めて人に会いに行くことはよくありますが、これをしゃべろうと決めて人に会いに行くことはありません。

ぼくはアナウンサーなので基本インタビューする側の人間ですが、稀にインタビューされることもあって、「何でもいいからしゃべってください」と言われるときがあるんですね。そんなときは一応、持てるだけのテクニックを駆使して相手のニーズに合わせますが、正直ちょっと落ち着きません。

いまもこの放送をやっていて一個だけ不自然さを感じているのは、あたりまえですけど話す内容を準備してるんですね。でもこれは本を書くという目的があってやっていることで、放送を見てくれる人次第で内容はいくらでも変化していくんです。

たとえばいまのアイドルって、自己アピールを要求されると決まり文句をあらかじめ用意していたりするでしょう。ぼくはあれ、申しわけないけどどうにも気分が落ち着かない。そこに変更の余地がないので、解釈を押しつけられるというか、見ている側はもっと自由でよくないですかって思うんです。

コミュニケーションにおいても、そんなふうに自分を表現されたところで、ああそうですかで話は終わってしまいます。そうではなくて、まず**訊くことがあって、相手にしゃべってもらって、その話を聞く**。コミュニケーション・ゲームをより楽にプレーする基本です。

コミュニケーションは自己表現ではない

これはサッカー元日本代表のオシム監督によるポジションの解釈ですが、フォワードとかミッドフィルダーとか、あれはキックオフのときプレーヤーがどこに立っているかを決めてるだけだって言うんですね。ゲームがはじまった瞬間から、どんなポジションをとるか、個々の選手が自分で考えてどう動くかが重要なんだと。

ゲームの状況によって、フォワードがディフェンスに回るときもあれば、右サイドと左サイドの選手が入れ替わるときもある。それは流動的におこなわれるので、自分で全体をモニタリングしていないとできないことなんです。

同様にコミュニケーションは、プランが立っていて脚本どおりにできたから成功ではありません。これはゲームなんですから、みんなが協力して、流動的にゴールを積み上げて元気が出るところまで行けたらいい。それがゲームに勝利するということです。**相手がしゃべってくれた事柄に対して、自分で考えて、どう動いて対応するかが大切**なんです。

サッカーでも自分を表現しようと思ってみんながプレーしていたら、どんなにうまい選手をそろえてもきっとそのチームは勝てないでしょう。だいたい「ぼくの持ち味はドリブルなのでヘディングはしません」とか、「社会に対する不満をシュートで表現する」ってプレーヤーがいたら負けますよね。みんなが自己表現のためにプレーするなんて、ゴールどころかゲームにすらならないはずです。

これは舞台演出家で声優の浅沼晋太郎さんが言ってたことなんですけど、テーマパークへ行ってジェットコースターに乗ったら、「わーい、楽しかったあ」と言えるかどうかがすべてであって、「このアトラクションは怒りを表現しているから、それさえ伝われば楽しくなくてもいい」なんてありえませんよね。ジェットコースターの価値は、乗って楽しいか楽しくないかに尽きる。コミュニケーションも同じ、その一点に尽きるんです。

面接の「志望動機は？」を噛み砕いてみる

面接を例にとってみましょう。

面接はもしかしたら、平均的な若者がはじめて社会と接する大事な場面かもしれない。でも面接って、元気出ませんよね。緊張するし、なんかすごくツラいでしょう。あれはね、じつは面接する側に問題があるんです。

よく「志望動機は？」ってありますね。「自己ＰＲをどうぞ」とか。それは訊く側が悪い。実際ヒドいなと思います。そんなことふだんの生活で訊かないでしょう。仕事だって取引相手にそんなこと訊きませんよね。それをなんでわざわざ面接で訊くのか。基本的に面接でツラツラ自分のことを話せた人間を採用する会社って、ダメな会社だと思う。

そんなときは質問を自分で噛み砕いてみましょう。むこうから「志望動機は？」というものすごく雑な問合わせがきています。それをこっちは「なんでウチ受けてんの？」って変換したら、答えられませんか？　それなら「ぼく、この会社がつくっている○○が大好きなんです」と言えるし、まだふつうに話ができますよね。

きっとマジメな人は面接のマニュアル本を読んで、それこそ脚本みたいに準備して、つかえず話せるよう練習してってことなんでしょうけれど、もし優秀な面接官ならそんなところ見てないと思う。自己ＰＲなんてほとんど聞いてない。**自己ＰＲの中身ではなく、話している雰囲気を見ている**んです。会話になったときこの人はどういうふうにしゃべるのか、みたいなことですね。

面接は楽しくなる話をしに行こうくらいの気持ちでいいんじゃないか。それがぼくの考えです。面接だってコミュニケーションなんですから。

コミュニケーション・ゲームとしての面接

ときどき「どうしても私を採りなさい！」と対戦型で面接に臨む人もいるようですが、だいたい相手をグゥの根も出ないほどやり込めたら通ると思いますか？　討論じゃないんですから、面接も協力プレーであるべきだとぼくは思う。

じゃあどんな面接がいちばん通りやすいかというと、**こちらとあちらの話が、おたがい**

意味ある形で転がったときだと思うんですね。さすがに面接の場で、おたがいプロレスファンだからと同好の士を見つけてうれしくなっても、採用に即繋がるとは言えないかもしれない。でもこれ、匙加減によってはありえる話なんです。

ぼくは面接のとき、ほとんど自己PRはしませんでした。その代わり小咄を一席やったんです。面接に扇子と手ぬぐいを持って行ったので、「落語研究会なんですね？」って、そりゃ誰だって訊きますよね。それで後あと憶えてもらいやすかったんだと思う。たぶん「次の面接に誰を呼ぼうか」となったときに、「あの落研の子は？」「ああ、いたなぁ」みたいな感じになったんじゃないかと思います。

とはいえ他にできることはなかったし、面接対策なんてまったくわからないので、小咄ならしゃべれると考えただけです。でも、面接に臨んだ瞬間に皮膚感覚でちょっとあったかなと思うのは、きっと、おもしろがらせようとしたんですね。目のまえの人がつまらなそうにしているのは嫌だなって思った。

そうだ、思い出した！　面接のとき「いま誰にインタビューしてみたいですか？」って訊かれたんです。面接なのにもう完全に雑談になってるんですが、そんな答え用意してないからその場で誰かなぁと考えて、「エリザベス女王、どうですかね」って答えた（笑）。ここはマックスいっとこうと、理由はあとづけでいくらでもできる。

そのころイギリス王室に家庭内不和があって「エリザベス女王にご家庭の話を聞けたらおもしろいと思います」みたいなことを言ったら、ちょっとウケた。そこでウケたから、いまここにいるんだと思うんですね。でも、ウケたがゆえに就職できたはいいんですが、なにしろコミュ障だったのでそれからがものすごくタイヘンでした。

ですから、面接だからといってツラい気持ちになる必要はまったくない。面接もコミュニケーション・ゲームをするつもりで臨めば大丈夫だと思います。

相手にどんどんしゃべらせよう

コミュニケーションというゲームでは自分からしゃべってもあまり意味はありません。いくら自分の話をしたところで相手へ伝わるメッセージは不確かなものです。

もし相手が自分と違う意見を持っていた場合、どこかに共通部分があるかもしれないと思って話をするのではなく、言い負かそうとしていたら何も変わりません。そもそも言い負かすことで本当に人の意見を変えられますか？　自分の考えが変わったり価値観が変更されるのは、言い負かされたときじゃなく自然に「あっ」と思えたときでしょう。話しているうちに「あっ」と気づいたとき、メッセージは伝わるんです。

ぼくはよく「楽しそうですね」って言われるんですが、べつに楽しいってメッセージを伝えるつもりでやっているわけではありません。ただ相手をおもしろがらせたいと思ってしゃべってる、それで自分も楽しいだけです。コミュニケーション・ゲームでは、**言葉は自分のものではなく、相手のためにあるもの**です。自分ですべてを管理するなんてできっこありません。

だからこそ、しゃべるという行為は、まず聞くことが先になるんです。

たとえばインタビューの局面で考えると、「えっ？」と相手の話に反応できたら勝ち。それが鉄則です。「えっ？」と言えた次の瞬間、必ず相手はうれしそうにしゃべり出します。子どもを見てるとわかるんですが、ほとんどの人は自分からしゃべるのが大好きです。しゃべっていることを聞いてもらえたときって元気が出ますよね。逆に誰も聞いてないところでひとり、壁に向かってしゃべってる人はいません。そこでゲームの勝利のために、みずから進んで聞いてあげられる人になる。コミュニケーションの最強戦術は何より「聞く」ことなんです。

4　ゲーム・プレーヤーの基本姿勢

下心を持とう

コミュニケーション・ゲームはふたり以上集まれば否応なくはじまってしまいます。いずれにせよゲームへ参加しなくちゃいけないのなら、どのような姿勢で臨むのがよいか？　ズバリ、下心を持ちましょう。

下心を持つとは、一般的にあまりいい意味では使われません。でも、サッカーのプレーヤーなら、「ゴールを決めたい！」という気持ちを持ってフィールドに立っているはず。その気持ちは下心とも言えますよね。同じような意味で、コミュニケーション・ゲームには「ウケたい」「好かれたい」と思って臨む。その気持ちを認めましょうということです。

ウケたいしモテたいしっていう下心は、元気が出るコミュニケーションを導くためのとても大きな動機になります。〈動機づけは大事だけど、嫌われたくない〉。うん、どうせみんなに好かれるわけじゃないって最初から達観できたらいいけど、やっぱり気になりますよね、嫌われるのは。

好かれると嫌われるは表裏一体だし、ぼくもすごく考えたけど、この問題は永遠に解決しないような気がする。解決しないというか、解決した気になってそんなの関係ないよって顔をしてる人は、それだけでなんかちょっとイヤな感じがしませんか。むしろ**嫌われることに対して怖れを抱いてる人のほうが、好かれる可能性が高い**ように思う。少なくともぼくはそういう人のほうが好きです。

そもそも、人間、下心がなきゃ人とかかわろうとは思わないんじゃないでしょうか。下心を持って会話というフィールドに臨む。下心、ぼくはウケたいしモテたいし、人をおもしろがらせたいです。

先入観は間違っていてよい

人を先入観で判断してはいけないって、よく聞きますね。ぼくはそんなことないんじゃないかと思ってます。

うん、〈先入観を切り口にできる場合もある〉〈先入観はイヤでも持っちゃうもの〉〈先入観はむしろ興味を持つとっかかり〉。ありがとう、ぼくもそう思う。人にしゃべらせる方法を考えたときに、先入観は持っていたほうがいい。もっと言えば、先入観はむしろ間違ってるほうがいいかもしれないくらい。なぜか？　**人は間違った情報を訂正するときにいちばんしゃべる生き物**だからです。

そう〈やっぱり最初は、外見や印象で判断しちゃいますよね〉。していいです、どんどんしましょう。自分の先入観をあえて投げ出してみて、コミュニケーションをとりながら訂正されて、相手との距離を近づけていきましょう。誰しもしっかり先入観は持っていますから。

今週、俳優でシンガーソングライターの星野源さんにはじめてお会いしたんですが、ぼくが持っていたイメージはちょっとおしゃれな人って先入観だったんですね。だから「あの、じつはおしゃれなんじゃないですか？」というふうに訊いてみる手はあった。

でも実際には、話を聞いているうちに「いやいやそんな、ぼくがいかにアニヲタか」って、むこうから話してくれたんです。直接言わなくてもぼくの先入観が相手に伝わって、さらにリスナーに喜んでもらいたいという星野さんのサービス精神が発揮された。

他に割とよく使ってるなあと自分で思うのは、ヒップホップ系の人に「怖い人だと思ってました」っていう先入観。事実いまも怖いと思ってる。ヘタなこと言ったら怒られそうな感じ。でも実際に「怖いんですよ」って先入観を投げ出してみたとき、「ああそうだよ、オレは怖いよ!」なんて人はまずいません。「それは違うよ」って訂正からはじまって会話が弾むんですね。

ほら〈吉田さん、顔色悪いですけど病弱ですか?〉って、その反応、すでにウケようと思ってるでしょう(笑)。正面から答えると、そんなことない、きわめて健康です。「このあいだも健康診断の結果がオールAで」って、この瞬間どんどんしゃべれる。それでいいんですよ。先入観を持って、たとえ間違っていても恐れることはありません。

誤解ウェルカムでいこう

先入観を投げ出す最大のキーは、はじめからその人を正しく理解しようとしなくていいってことです。コミュニケーションはゲームだ、気まずさを回避する協力プレーだというのは、コミュニケーション自体が誰かのことを正確に理解するためのものではないからです。

みんな理解はバラバラでいい。**理解はどこまでいっても誤解の一種、誰かを完璧に理解**

することなんてできません。それがコミュニケーションの基本的な構造。だからぜひ間違えられてみてくださいって話です。

たとえば誰かに「高校生じゃない？」と言われたら、「いや、大学生です」って訂正できるでしょう。そのとき「幼く見えてカッコ悪い」みたいに思う必要なんかまったくありません。誤解ウェルカムでいきましょう。

ぼくは基本的に、正常は異常の一形態だと思っています。正常というのは多数派の異常でしかない。だから、相手や周囲に確実に迷惑がかかる場合以外は、間違った先入観でも投げ出していいと思います。

ごくたまにですけど、わざわざぼくに会いに来てくれる人がいたりなんかすると、やっぱりその期待を裏切ったらどうしようとは思います。でもそういうときは、相手がどんなに誤解していようと、勝手な先入観を持っていようと、基本ウェルカムです。

ぼくはぼくで、相手がどうあろうと勝手にプレーヤーとしての基本姿勢を整える。もちろん失敗するケースはいくらでもあります。でもそれでいいんです。失敗する可能性があるからこそゲームなんだし、おもしろい。最初から結果が見えていたら勝っても楽しくありません。

●「伝える」ではなく「伝わる」

相手のことは完璧には理解できない、誤解ウェルカムでいこうというのが、本質的に何を意味しているのか？　それは、「伝える」と「伝わる」はまったく違うってことなんです。アナウンサーの仕事をよく「伝える仕事」だって言う人がいますけれども、**伝えるというのは、なるべく伝わるよう演出すること**にすぎないんです。ある事柄を「これを理解しなさい」と言って完璧に伝えられるかといえば、そんなことは絶対にできない。

自分が思っていることを「伝える」のは、究極的には無理なんです。だけど「伝わる」を演出することはできる。この差、わかりますか？

伝えるというのは、何もしなくても自動的に伝わってしまうことを、より正確に伝えようとする意思の表れです。誤解をより理解に近づけようとすること。伝えるべき事柄をより伝わりやすくする、そういう演出なんですね。

相手に伝わってしまうことは、自分では選べません。それは徹頭徹尾、相手の問題であって自分のことではない。真意は伝わってしまうものです。コミュニケーションを通じて最終的に何が伝わるかは、こちら側の意図とはほぼ無関係なんです。

自分を伝えるとかを表現するというのは、命令と同じことだと思います。「こちらの解釈した形で理解しろ」と言っているのに等しい。そんな強制は誰にもできません。人に自分の考えを伝えたいと思ったら、「ぼくはこう思うんだけど、どうだろう?」ぐらいの演出がなければ難しい。伝えたいという気持ちを前面に押し出すのではなくて、まずは訊いてみる程度の意識じゃないと相手も反応しづらいんです。

伝わるものはコントロールできない

自分で意識していようといまいと、身体全体から滲んでいるものがあれば、それは相手に伝わってしまいます。テレビを見ていて、口で「おいしい」って言ってるのに目が泳いでるとか、よくありますよね。そういうのは容赦なく伝わっちゃうでしょう。身体としては「うっ」となってるけど「おいしいですぅ」みたいな。でもそれ、確実にバレる。

そんなふうにコミュニケーションは、自分が伝えたいと意識したことが相手に伝わるわけではない。逆に言えば、**伝えたいことなんてなくても、何かが伝わってしまうことが前提になっているんです。**

たとえば感動して言葉がなくても、その気持ちは伝わりますよね。それも立派なコミュニケーションです。言葉が出ないくらい怒っていても、それは伝わってしまいます。人といたら多かれ少なかれ、勝手に伝わってしまうものがある。黙っていたとしても、自然に、誰でも、人は何かを受け取ってしまうんです。

そう〈ホメ言葉は皮肉にもなる〉、いいところを突いてきますね。それは本当にそう思っていないからですよね。でも表現をなんら工夫しなくても、「すごい！」って本気でひとこと言えたらどうでしょうか？　伝えるんじゃなくて、伝わるんですよ。

ですから、伝えるという行為はやっぱり言葉を送るだけでなく、その内容がより相手に伝わるよう演出することなんです。ホメ言葉が皮肉になるのは、態度によっては本当はつまらないって相手に伝わってしまうからですね。

なので、ゲームに参加するときには基本、何かを伝えようと思ってプレーしないほうがいい。ウソっぽくなるから。たとえばさっきの「怒りを表現しているジェットコースター」じゃないけど、よく「勇気を与えるプレー」みたいな言い方がありますね。そんなのウソでしょう。「攻撃型のサッカーをしたい」なら受け止められる。でも「勇気を与えるプレーをしたい」って、それは結果ですよね。

結果的にお客さんが勇気をもらったと感じ入ったとき、はじめてその思いは伝わったことになる。いくら勇気を与えよう、伝えようとプレーしたって、伝わらないと思うんです。

必死にやってはじめて、伝わる何かがある。伝えようとして伝わるものではない。プレーしているうちに選手から滲み出てくるものがあってはじめて、何かが伝わるんです。コミュニケーションも同様、そこから何を得るかはあくまで結果であって、誰かがコントロールできるものではありません。

イジられたらラッキーと思え

プレーヤーとしてどうゲームに臨むかのまえに、そもそも〈イジられるのが嫌〉って声がいくつか寄せられていますが、なるほどコミュ障には典型的な気持ちかもしれない。コミュニケーションに苦手意識がある人はだいたいみんなそうだと思います。それはゲームに参加している全員が勝つ、負けるというところにかかってくる話です。

たとえばラジオでオードリーの若林正恭さんがよくぼくをイジったりしますが、それはそういうものとして、おたがいにわかってやっている。いや、わかっているはずです。言ってみればばくんずほぐれつプロレスをやってるようなもの。イジられたらうれしいし、若林さんもぼくをイジって楽しんでる。

でも、イジられている人がその場で尊重されていなかったら、心が痛みますよね。そんなの単なるイジメだし全員が勝つことにはならない。それはもう論外です。

もうひとつ例を引きます。ももいろクローバーZの高城れにちゃんがぼくのことを「ゴボウ」ってあだ名してくれて、ずっと歳下のアイドルにそう呼ばれているんですけど、これってやりようによっては悪口になりかねませんよね。でもその悪口感覚も全部含めてなんかちょうどいい、そこらへんの塩梅がやっぱりももクロらしいって思うんです。

その機微がよくわかるから、ファン心理を省いてもゴボウってイジられるのはまったく嫌じゃない。むしろ「ゴボウ！」って呼んでくれて、気を許してくれてるんだなってグッとくる感じすらあるわけです。**おたがいにわかっている範囲内で悪口があると、本音でしゃべっている共感が生まれる**んですね。

だけどここが、コミュニケーションを苦手とする人の陥ってしまいがちなポイントでもあります。その場を楽しくする意図で相手がキビしい言葉を投げかけてきたとき、こちらを傷つけようとしていると思ってしまったり、頭ではわかっていても受け止められずに笑えなかったりする。そこは多少イジられてもガマンしようというのはどうしてもあります。ちょっとガマンするともっといいことがいっぱいあるからです。

そこはあえて愚者になる。バカにされてあたりまえの人になりましょう！　愚者になることによってコミュニケーションをとってみる。イジられたらラッキーと思え。コミュニケーション・ゲームへ臨むにあたってのいちばん重要な基本姿勢かもしれません。そこまで行けたら、これらコメントを寄せてくれた人たちはコミュ障を克服できると思います。

●劣等感は無視しよう

サッカーの喩えが多くて恐縮ですが、一緒にプレーするとき最低限これは身につけておきましょうというスキルがありますね。ぶつかり合うのが嫌なんですって人はサッカーなんてやりません。でも、削り合いのないサッカー、おもしろいですか？　だからそこは多少、人に削られてもゲームである以上がんばろうって話にどうしてもなる。

削られても嫌がらない、イジられてもふて腐れない。冗談通じないなって思われて会話の外へ置かれるより、誤解ウェルカム冗談ＯＫでゲームに参加したほうが、プレーヤー全員が勝つ確率は圧倒的に高くなります。そこでちょっとガマンすれば、数回こらえれば、「おもしろいねえ」って思ってもらえるようになる。そう思ってもらえればもうしめたもの。あっという間にガマンしているという意識もなくなるはずです。

でもね、本当のところ、イジられるのが嫌だって気持ちはわからなくはありません。それだけでもこの放送をやった意味はあったかなって思う。自分を相対的な優劣で測ることなんて、もう久しく忘れていた感覚だから。でも確実に、ぼくもそう感じていました。

人間誰しも、負けてると思うからコミュニケーションに参加したくなくなるんです。自分の正当性を主張したくなるし、相手にそれを認めさせたくなる。でもそれではまだ、コミュニケーションを相手との対戦型として考えてしまっているんです。コミュニケーションは協力プレーです。**協力プレーである以上、相対的な比較や優劣なんて関係ありません。**

コミュニケーション・ゲームでは、その場におもしろい人がいたら楽なんです。おもしろい人に劣等感を抱く必要、一切ない。対戦型の会話でなければ、「チキショー、おもしろい。悔しい」なんて思いませんよね。お笑いの専門学校じゃないんですから。逆の立場からしても、目のまえの人がおもしろくなくて怒るなんてありえないでしょう。

もし劣等感があったとして、それを感じるなっていうのは確かに無理です。どうしても感じてしまうことに関して、感じるなと命令してもそれは無理。でも、劣等感を無視する、これならできるでしょう。自分の意思であれば変える努力のしようがありますよね。

コミュ障の定義、処方のところの「ちょっとだけ自信を持ってみる」を思い出してください。それができるんだったらいちいち悩まない。自信がないのにあるって捏造することは、やっぱりできません。ですから、劣等感をナシにしろとは言いません。劣等感はあっていいです。むしろ劣等感をどこかに抱いている人のほうがぼくは信頼できます。

でも、コミュニケーション・ゲームでは、劣等感は無視する。生まれてしまった気持ちを無視することは、努力次第でできるはずです。

自分は嫌われていないと思おう

あたりまえのことですが、人が何を考えているかなんて、はじめからわかるはずはありません。質問しないことには絶対にわからない部分を人は常に持っている。

相手のわからない部分のうちに自分が嫌われていたら、と想像するとゾッとしますよね。でも、さすがにあのときは人に嫌われたなって経験、どのくらいありますか？　うん〈自分ではわからない〉、たぶんこれがいちばん誠実な答えだと思う。嫌うのは相手なんですから、すべてを見通すことはできないはずなんです。

それを自分から嫌われていると決めつけても、話してみればなんのことはない、ただのすれ違いだったって、いくらでもありますよね。

だとしたら、せっかく目のまえに人がいて、会話がはじまってしまうときに「この人、自分のことが嫌いなのかもしれない」って気持ちに目を向けるのは、やめませんか？　相手が何を考えているかは、実際に訊いてみるまで絶対にわからないんですから。そこはもう「自分は嫌われてない」という構えでいいと思う。

その場の雰囲気によっては、なんとなく嫌われてるかもって考えがつきまとってしまったり、どうしても止められないときもあると思います。でもそこに囚われてしまったら先に進めません。そこは劣等感と同じ、自分の気持ちなんですからスルーしましょう。

じつは、**好かれてるとか嫌われてるとか、会話を続けるうえではそんなに重要じゃないんです。**自分が持っている感情は、相手にはあんまり関係ない。ちょっとした質問ひとつで形勢が逆転することはいくらでもあるんですから。

最後はギャンブル

そうは言っても、コミュニケーションがうまくいかないことはよくあります。コミュニケーション・ゲームにプレーする価値があるのは、つまらなくなるかもしれない、失敗するかもしれない、そんな可能性をいつも含んでいるからです。うまくいくと最初からわかっているものは、おもしろくもないしプレーする価値もない。

この話って最後ハッピーエンドになるの？　それともバッドエンドになるの？　両方ありえるんです。その結末は誰にもわからない。だからコミュニケーション・ゲームはおもしろいんです。もちろんハッピーエンドになったらいいなと思う。でも、必ずしもそうなるとは限らない。どうしたって最後、勝てない可能性は残る。いや、残るというより、大いにある。最後はギャンブルです。ギャンブルだからこそ、プレーする価値がある。失敗を恐れるも何も常に失敗含みなんです。

〈失敗しても次がある〉。そうです、その意気です。〈負けを気にしなきゃいいいんじゃないの？〉。それはそのとおりなんだけど、**負けを気にするから、気まずさも回避しようとするし、協力プレーにも拍車がかかる**。一方にバッドエンドの可能性が色濃くあるからこそ、ハッピーエンドがうれしいんです。

コミュニケーションに限らず、ゲームたる所以、醍醐味というのは、勝ちだけじゃなくて負けるときもあるからです。どっちも重要。勝ったときうれしいのは、負けたときの悔しさを知ってるからですよね。逆に負けて悔しいのは、勝つ喜びを知っていてそれを失ったからです。そこで勝つ確度を上げていく。それがゲームを楽しむってことなんです。

5 沈黙こそゴール

「空気を読む」とは何か？

ある時期から「空気を読め」って、よく聞くようになりました。これ、すごくわかりにくいですよね。そう言われて困った経験がある人、結構多くありませんか？〈空気は吸うもの〉〈空気、難しい〉。そう、コミュ障ならなおさらだと思う。

コミュ障は空気が読めないからしゃべれないんじゃなくて、逆に空気を読みすぎるから、コミュニケーションがうまくとれない。そういう繊細な感覚を持った心やさしい人たちなんです。そこへもってきて少しズレた反応をするといきなり「空気読めよ」と言われる。それじゃよけい話せなくなってしまいますよね。

それにしても、空気を読むという言い方は罪が大きいなと思う。この言葉があるばっかりに先へ進めなくなった人はいっぱいいるような気がします。「おい、空気読めよ」って、キレがあるし大人な感じもするんだけど、人は空気を読むためにコミュニケーションをとっているのではありません！「ウケた！」って喜ぶ人はいても、「空気が読めた。やった！」って言ってる人、見たことないですよね。

もしそこに読み取られるべき空気があるとしたら、それはある目的のために読まれなきゃいけないはずなんです。目的がないのに、あるいは違う目的を持っているのに、全員がその場の空気を読んで行動しなければいけないなんてありえないでしょう。でもなぜか「空気読め！」っていつも上からの大きい声だから、それが正しいみたいになっちゃう。おかしな話です。

その場の空気って**誰か権力者が決めたわけではない、なんとなくそこにあるだけだし、捉えどころもない。とりあえず「空気」と言っているようなもの**で、関係なければ読まなくたって一向に構わないんです。

空気を読めって、そこに存在する無言のルールをきちんと読み解け、というふうに考えられているようですが、そんなルールは一切ありません。はっきり明示されてもいないのに守らなきゃいけないルールなんて一個もない。

でも、だからといっていつも空気を読まずにいたら、コミュニケーションの実りは遠のくばかりです。ここであらためて、コミュニケーション・ゲームには気まずさに負けないというルールがあることを思い出してください。

そうです、コミュニケーションをとることでみんなが楽しくなる、その目的のためだけに空気は読み取られる必要があるんです。

「空気を読む」を具体的に噛み砕く

ではどうしたらいいのか？　ぼくは「空気を読む」という言い方がいけないと思った。言葉の意味がなんとなくすぎて、解釈が難しい。まずはそこを具体的に噛み砕いてみましょう。

空気を読むとは具体的にどういうことか？　ひとことで言えば、**その場のムードに自分のテンションを合わせること**です。相手とテンションを合わせる。その場のムードにチューニングする。それだけのことです。

うん、〈その場のムードや相手のテンションがわからない〉なら、先入観の話を応用しましょう。誤解ウェルカムです。相手に訂正されつつ、ちょっとがんばれば、少しずつでも合わせていくことは誰でもできるはずです。

もちろん相手のテンションは変えられません。でも自分のテンションなら変えられますよね。そうして共有されたテンションがその場のムードをつくるんです。

目のまえの人がどんなテンションでいるか、ある程度ならわかりませんか？　少し元気がなさそうだとか、気さくで明るい人だなとか、神妙でムツカシイ感じとか、相手の側がその場で醸し出しているテンション。コミュ障であればそれを感じ取るくらいには繊細な感覚を持っていると思う。そこに自分のテンションを合わせていけばいいんです。

テンションとは、直訳すれば「気持ちの張り具合」です。気持ちの張り具合はまえもってわかるわけじゃないので、強制スタートした瞬間にまずその初手を決めなくちゃならない。相手のテンションを先入観で勝手に想像して、自分のテンションをそこに合わせるんです。あとは会話をモニタリングしながらチューニングしていけばいいんです。

テンションを合わせる理由

たとえばみんなのテンションが高いところで、自分だけ低いままにしてると「空気を読め」と言われる。逆もありますよね、テンションが高いまま冷たい雰囲気のなかに入っていくと、やっぱり「空気を読め」と言われる。

そんなふうに言われるのは、決して複雑な問題ではなくて、大分するとそのふたつのパターンしかないんです。低いところに高く入ってしまう、もしくは高いところに低く入ってしまう、このふたつだけ。ですから、その場のムードにふさわしいテンションはどのあたりにあるのか、まずはその高さ低さに敏感になることです。

では、テンションは何のために合わせるのか？　**より会話が弾みやすくなる環境をつくるため**です。サッカーなら選手とボールがどんどん動く状況をつくり出す。テンションを合わせたほうがゲーム・プレーヤーは楽に動けるんです。

会話というボールが動きやすい環境をつくるために、テンションを合わせる。テンションは高ければ会話が弾むというわけではありません。高かろうが低かろうが、テンションが合ってその場のムードが共有されているときに、会話はいちばん弾むものです。

ロウなテンションのままみんなが心地いい時間をすごすって、それはそれでなかなか深みがあることですよね。相手がロウでいるならロウで入っていけばいいし、無理してハイにもっていく必要はありません。みんなが静かに話しているところへ「どうもー！」って入っていくのは、あえてその場のムードを壊しに行ってるようなものです。その先ムードが逆転して場が盛り上がるんだったらべつですが、それはプロの芸人さんじゃない限りまず無理。

それも芸人さんはパフォーマンスとしてやっているのであって、ふだんからそうしてるわけではありません。お笑い芸でいちばん大切なのはその場のムードなんですから、どこにギャグを入れてどういう態度をとったらいちばん笑いが起きるか、常に敏感になっているはずです。

ムードは人と人のあいだに醸し出される

先に「共有されたテンションがその場のムードをつくる」と言いましたが、どんなに天才的なコミュニケーターであっても、ムードはゼロから自分でつくることはできません。ムードはその場にいる人と人のあいだにできるもの、必ず複数の人たちが醸し出すものです。**ムードは決して誰かがコントロールできるわけではない。コントロールできるのは自分のテンションだけ**です。

よくアニメのイベントで司会に呼ばれたりすると、客席がはじめから盛り上がっているときと、逆にすごく静かなときがあるんですね。お客さんが抽選などで来ている場合、全員一人ひとりで知り合いがまったくいない。そういうイベントに来る方々は心やさしいコミュ障率が高いので、こう、押し黙って待っているんです。

もちろんアニメが好きだという強力な共通項はあるものの、そこでいきなり「イェーイ！」とはじめちゃったら、「なにコイツ」ってなるのが関の山です。最初からついて来てくれる人も少なくないですけど、もし自分がお客さんの立場だったらちょっと同調できない気がします。

そういうときは低いテンションのまま、「こんにちは。お疲れさまです」ってヌルッと入っていく。するとだいたいその場のムードにフックできるんです。客席のムードにまずフックして、そこから自分のテンションを高めていく。いきなりテンションを高くして現れた人には同調できなくても、そうしてチューニングしながら上げていくとお客さんはついて来てくれるんですね。

そうなったらほとんど、司会者としてはお役御免です。ある程度時間をすぎたころには、勝手に楽しいムードがお客さんのあいだに醸し出されるので、そこへ乗っていけばいい。それは司会者のぼくを通じて、お客さんがおたがいのテンションを共有してくれたおかげです。

ひとつの場にムードがふたつ同時に存在することはありえません。また、ムードは誰かが「楽しくなれ！」と命令してつくられるのでもない。そうではなくて、ひとつのムードのなかにまず入り込んで、テンションを先導していく。ムードはその場にいる人たちが一緒になって醸し出すものだからこそ、司会者は自分から全体のテンションをリードすることができるんですね。

●毛繕いとコミュニケーション

最近、ロビン・ダンバーという人類学者の本を読んでたいへん感銘を受けたんですが、「ダンバー数」って聞いたこと、ありますか？

ヒトはふつうに生活していると、一〇〇から二三〇くらいまでのパーソナリティを把握することができるんだそうです。平たく言うと、人間の群れはひとりにつきだいたい一五〇人くらいまで広げられる。うん、そんなにいませんという人でも、そこまではいけますって話。

一方、サルのような霊長類も群れをつくりますが、そのサイズは毛繕いをしている時間に比例するらしいんですね。毛繕いの時間が長い霊長類ほど、大きな群れをつくる。毛繕いしているあいだは脳内に麻薬物質が生成されて、単純に気持ちがいいんです。しかもそれが大脳新皮質の厚さとも比例していると言うんですね。

霊長類というのは要するに、群れの数、毛繕いの時間、大脳新皮質の厚さ、この三つの数字が比例しているらしい。

　そうすると、ヒトの一五〇という数字はたいへん大きな群れで、大脳新皮質は他のどんな霊長類よりも厚い。そこまではわかりますよね。でも、ちょっと待てよ、って思いませんか。ダンバー数からいけばヒトはもっと毛繕いしていなければならないはずなのに、あんまりしてない。あれ？　ってなる。

　サルはしてないけど、人間が頻繁にしていることが一個あるはず。何か？　会話だったんです！　人間はものすごい量のコミュニケーションをとっているんです。

　一般的にコミュニケーションとは、情報や概念を相手に伝えるためにできたように思われがちですが、ダンバーさんはそれは違うと、**気持ちいい毛繕いの代わりとして、ヒトはおそらくコミュニケーションを発明した**って言うんですね。そのあとでヒトは「これは情報を伝えることにも使えないか？」と考えた。すなわち、情報のやりとりよりもコミュニケーション自体の成立のほうがじつは先だったんです。これ、コミュニケーションの目的はコミュニケーションだということの証明になりませんか？

　さらにもうひとつ、サルの毛繕いはふつう一対一でしかできません。何匹か集まって毛繕いしてる様子を見ても、常に両手で目のまえの一匹をケアしているのに変わりはない。でも、人間の会話は複数で同時にできるんです。あたりまえに思うかもしれませんが、これは生物学上すごいことなんだそうです。

いまも実際、この放送は数千の人たちがライヴで視聴してくれているわけですね。そういう会話が現にあるというのはヒトだけができることであって、ある意味、みんなで一緒になって毛繕いしている状態なんです。

ムダ話の代表格ガールズトーク

結局、ぼくたちがいまやってることは毛繕いで、脳内に麻薬物質が生成されている。単純に気持ちのいいことなんです。では、いちばん気持ちいい、毛繕い的な会話とは何か？もう答えは出ているようなものですね。ムダ話、雑談、バカ話、そういう類のコミュニケーションだったんです。自慢じゃないですけどぼくのラジオなんてそれしかしていません。

そこで、ムダ話の代表格とは何かと考えてみると、やっぱり女子会、ガールズトークにはかないません。ガールズトーク、ムダ話、これができてナンボ。**無意味な話を延々することは正しい**んです。

じつはガールズトークに関しては衝撃的な体験があって、少しまえの話ですが、街場の喫茶店であるイベントの資料にあたっていたんですね。そこへわらわらと女子高生の団体が入って来て、斜めまえの席でおしゃべりがはじまったんです。

ぼくは仕事をしつつも興味を惹かれて、彼女らの話に注意を傾けていたんですが、突然そのなかのひとりが「わっ、ソーダ味！」ってスットンキョーな声を上げたんです。パッて見たら「これ、これ」って言ってアメ玉を手にしてる。すると今度はべつの女の子がそれを口に入れて、「ホントだ！」なんて驚いてるんです。

なんだ？　と思ってそのまま観察していたら、また他の女の子が「マジ？」「食べてみ」「ホントだ、ソーダ！」みたいに話がどんどん転がって、なんだかわからないんだけど、もう世紀の大発見みたいな感じで爆笑してる。

それで何が衝撃的だったかっていうと、なんとそのアメ玉、水色だったんです！　すごくないですか？　ソーダ味のアメ玉っていえば、ふつう水色ですよね。にもかかわらず女の子たちのあいだではトークが炸裂してる。これ、言葉だけでは伝わりにくいんですが、おたがいのテンションが完全に合わさって、ずっと和やかなムードが流れているんですね。

全員が水色のアメ玉で「ソーダ味」を連呼するという、まったく無意味な会話。内容じゃないんです。そんな会話を続けられるガールズトークの凄まじさ、そのテクニック、コミュニケーション・スキルの高さに感動してしまった。もう無敵、完全に圧倒されました。外部の人間にはなんでキャッキャやってるのかわからないんですが、内部の人たちはすごく楽しい。まさに毛繕いなんですね。

意味と無意味のハイブリッド

そのようなムダ話についてダンバーさんは、会話というのは高尚なものではなくて、ゴシップを伝えるために存在しているって言うんですね。人のウワサ、どうでもいい情報、誰それがつき合ってるらしいとかケンカしたらしいっていう話は決してなくならない。

どんな国や地域、異なった民族や文化背景をもってしても、そんな話題には事欠きません。ネットでもワイドショウでも何でもいいんですが、そのほとんどは要らない情報で満ちあふれています。でもなんか気になって、見てしまう。しゃべってしまう。それはもともと、人間の会話がそういうふうにできているからです。

そんな**くだらない会話が基本にあるからこそ、人間は逆に難しいことについて話し合ったり、コミュニケーションをとって考えたりする**んですね。ムダ話が基本にないと、みんなマジメな話なんてわざわざしようとは思わない。

そうだとすれば、会話というのはおそらく、基本的に女子会なんです。くだらないことを延々とおたがいに言い合って、じゃれ合ってる。ただもう一方では、これだけ成熟した社会が成り立っている事実を顧みれば、それは重要な意味をきちんと伝え合ってきたからこそのはずです。社会契約と言えばいいのか、意味を交換するコミュニケーションができなければ生活は成り立っていきません。

コミュ障の定義にあったとおり、職場や学校や、あるいは社会生活を送るうえで必要な「意味のある会話」はみんなできているんだと思う。そもそもこの放送を見てくれていること自体、煩雑な設定とか手続きとか、現に意味のあるコミュニケーションがとれている証拠ですよね。

でも、ガールズトークのような「無意味な会話」が難しい。たとえばコンビニで買い物するとき、レジの女性とちょっとした世間話をするって難しくないですか？「唐揚げください」は言えるけど、その先の何気ない会話ができない。そこなんですよね。意味のない世間話スキルを身につけるのはものすごく難しいんです。

意味のない会話と意味のある会話、両方のハイブリッドこそが、現代の社会生活に絶えず要求されるコミュニケーション・スキルです。くだらないワイドショウと真剣な意思の疎通、両方大事。毛繕いをコミュニケーションに変えてきた人間は、そういう無意味と意味のハイブリッドを生きているんですね。

沈黙していられる関係

いま、コンビニの店員さんと世間話ができないってたくさんコメントをいただきましたが、その人たちにひとつ訊きたいことがあります。もしかしたら失礼な質問かもしれないので、べつに応えなくても結構です。

本当に仲の良い友だちって、いますか？　気の置けない友だち、ひとりいればいいです。そういう友だちとは、延々とムダ話ができませんか？　そのムダ話をずっと積み上げていくと何が起きるでしょう。そのうち言葉がなくなりませんか？　うん〈沈黙の共有〉〈沈黙が気にならない関係〉〈無言が心地いい〉。そうです、沈黙です。

非戦のコミュニケーションを積み上げていった先に何があるかというと、究極は沈黙なんです。毛繕いしなくても、毛繕いしたことになっている状態。一緒にいるだけで心地いい、沈黙で毛繕いは終わってるんです。

簡単に言うと仲の良い友だちってそういうものですよね。時と場合によっては気を遣うかもしれない。親しき仲にも礼儀ありで、当然のことです。でも、なんだかんだ言って気まずくならない、気まずくなりようがない関係。

黙っていてもタイクツしないというのは、ただ何もない空白の虚無的な沈黙じゃなくて、いっぱいいろんなことがあって、でもあえて言葉にする必要のない、おたがいみなまで言わなくてもわかっている状態ではないでしょうか。

ぼくの質問に対して〈友だちいない〉とか〈いるかどうかわからない〉って、ほぼ半数がネガティヴな反応でしたけど、それでもこうした沈黙状態を理解できるとしたら、ぜひ演繹してみてください。**おたがいに豊かな沈黙を共有できる、そんな相手がいる、それは立派な友だち**だとぼくは思う。

その状態が心地よければ、黙っていていいんです。でも毛繕いはしなきゃ生きていけない。たとえば女子会だって、本当に仲の良い友だちどうしなら一〇〇パーセント会話で埋め尽くされているわけではなくて、無言の時間があっても気にならないと思うんです。その沈黙は確実に温かいはずだし、緊張とか気まずさとは無縁のはずです。ムダなゴシップを延々やりとりしなければ絶対にたどり着けない場所、それが沈黙です。

はい〈毎週三時間くらい通話してるけど、ほぼ半分は無言〉、まさにそういうことです。たとえば仕事関係の人と三時間いろいろ話しているのに一時間半は無言でしたって、どうにもならないでしょう。堪えられませんよね。それに堪えられる人、一日中一緒にいてほとんど会話がなく、しかもタイクツしない人。逆に会ってる時間ずっと会話が止まらない、どうしようもなく話が終わらない、もしそういう相手がいたら結婚してしまいなさい（笑）。

技術編

6　コミュニケーション・ゲームのテクニック

コミュニケーションと時間

ここからいよいよ技術編です。すでにいくつか、基本編の段階で技術の話も出てきましたが、ときにはそれらを応用しながら、コミュニケーションの方法についてお話ししていきたいと思います。

そこで最初に、コミュニケーションを具体的な数字に置き換え、測定できる形にしてみましょう。着目したいのは、会話には時間経過があるということです。

たとえばぼくが毎日やっているラジオ番組だと、ゲストトークはだいたい一五分ぐらいです。三〇秒でしゃべるときと一五分間しゃべるときでは当然、会話の中身が違います。

そのとき、話の内容をどうするかではなく、まずこの時間尺をどう有意義にすごすかを考えます。これはふだんの生活でも同じ。エレベータなら十数秒とか、ヨーロッパ行きの飛行機なら十数時間とか、その時間をおたがい気まずくなく経過させることが第一です。

コミュニケーションにはいわば試合時間がある。それが大前提です。この基本があるからこそ、技術が適用できるんですね。**会話の中身はバリエーションがありすぎて、コミュニケーションの技術を考える基盤にはなりえない。一方で時間経過は客観的なものですから、技術を考える際の枠組みになる**んです。

会話は放っておくと終わります。時間があるのにコミュニケーションが途切れる恐れは常につきまとう。どんなに自分で予測しても、相手がいる以上すべて思いどおりになることは滅多にありません。

逆に会話を止めたかったら、どこかべつの場所へ行くか、「もういいです」って言えばすぐに終わります。その代わり当然のこと嫌な気持ちになりますよね。では、会話を終わらせないためにはどうすればいいのでしょうか?

話題とは何か?

このように話すと、いまも現に〈話題があればいいんだけど〉って問いが必ず寄せられます。コミュニケーションはふたり集まったら強制スタート、はじめからそこにおたがいの興味が一致する話題はまず存在しません。話題はどこかから降ってくるようなものではないし、あらかじめ決められてあるものでもない。相手と出合った瞬間に、つくっていかなければなりません。

なるほど〈天気の話〉〈スポーツ〉〈最近のニュース〉〈下ネタ〉。下ネタはそれなりのムードが必要ですが、他はほとんど、あいさつのようなものですね。「きどにたちかけせし衣食住」なんて言葉もあります。気候、道楽、ニュース、旅、知人、家族、健康、性、仕事、衣類、食、住まいに関する話題を出しておけば、話の継ぎ穂に困ることはないという先人の知恵です。

でも単に「今日は暖かいですね」とか「サッカーが大好きで」と言っても、相手の反応が「はあ……」だったら話は繋がらない。会話を話題の問題と捉えている以上、気まずさを回避できる確率を上げることはできないんです。

ではもう一歩踏み込んで、時間が繋がる会話をするにはどうすればいいのか?

その答えはじつにシンプル。**質問すればいいんです!** 単に話題を口にするのではなくて、「暖かいのになぜ長袖なんですか?」とか「サッカーはお好きですか?」と訊けばいい。

はい、〈的外れな質問をしてしまったらどうしよう〉。先入観、誤解ウェルカム、思い出してください。間違っていていいんです。相手の受け答えが訂正からはじまればいくらでも質問の糸口はできるはず。「いや、これ長袖に見えるけど違うんです」「サッカーよりは野球のほうが好きで」って答えが相手から返ってくれば、そこからさらに質問を重ねられますよね。

話題とは質問であって、自分の話をするのではありません。いきなり自分の話をはじめるのは、相手に対して「あなたにはニーズがない」と言っているようなものです。

話題をどうしようと考えるから、会話の難しさに囚われてしまう。会話における本質的な問題は、じつは「質問」に凝縮されるんです。目のまえにいる人が自分の話を聞いてくれて、いろいろと質問してくれて、うれしくない人なんていないでしょう。それをこちらはゲームだと知っているんですから、いまこの時間を楽しくすごすために質問をして、その反応に乗っていけば会話を成功に導くことができます。

相手のために質問をする

ちょっとここで実践してみましょうか。試しに何か、みんなに訊いてみてください。ああ、〈出身はどちらですか?〉。いい質問ですね、これならみんな応えられるでしょう。〈愛知〉〈沖縄〉〈長野〉〈福岡〉〈新潟〉、〈ベトナム〉っていう人がいらっしゃいますけど、ホントかもしれない（笑）。

そんな答えが返ってきたら次に行けますよね。

「えっ、ベトナム。ベトナムのどこですか？　ホーチミンですか。ホーチミンって昔、サイゴンって言いませんでしたっけ？」

どんどん続けられるでしょう。そこから自分にも興味がある食べ物の話でもいい、気候の話でも旅行の話でも質問はいくらでも繋げられます。

これ全部、相手の話です。自分の話なんて一個もない。**話題は常に相手の側にある。**相手のために質問をすればいいんです。もし逆に相手が質問してくれたらしゃべりやすいでしょう。おたがいに質問を出し合えれば、より気まずさを回避することができるんです。

話題とは質問から生まれる相手の受け答えです。これ、実際に使えますよね。なぜか？　技術だからです。

うん、〈相手に話しやすい環境をつくれば、自然としゃべってくれる〉。そのとおりなんだけど、「相手の話しやすい環境をつくる」だけでは抽象的ですぐに実践できませんよね。じゃあどうしたら話しやすい環境がつくれるの？って話になる。そのためには具体的にどんな技術が必要か考えなくちゃならない。すでにひとつありましたね、相手にテンションを合わせる。空気を読むってだけでは使えないから具体的に噛み砕いてみた。それが技術ということの意味です。

相手に対して興味を持つ

では、どのように質問すれば相手の話を引き出せるのか、それにはある姿勢が必要です。そこで、すでにお話ししたゲーム・プレーヤーの基本姿勢を、さらに技術として噛み砕いてみましょう。

これはすべてに共通するケースですが、質問をするときにいちばん重要なのは、かりそめでもいいので相手に興味を持つことです。

もちろん自然に興味のある人と出会えているときは、とても楽に質問ができると思います。かわいい女の子が相手だったら、尋ねる勇気はべつとしても、「彼氏いるのかな?」って質問はすぐ浮かびますよね。**相手への興味はほとんどの場合、即質問に繋がります。**

ああ〈相手に興味を持たないよう気をつけてました〉って、すごくわかります。コミュ障ならそうかもしれない。でもコミュ障の先輩として言わせていただければ、それ、大間違いです。もう見た目からでいいです。偏見。ここでいう偏見は差別とは全然違う文脈で、言葉面だけで安易に結びつけるのはまったくナンセンスですよ。そこは誤解しないでください。

たとえば相手がとても素敵なシャツを着ている、破れたジーンズはビンテージ物かな、スニーカーもよく履き込んでるし、でもちょっと疲れていそう。これらは全部見た目ですよね。勝手な先入観、偏見です。ぼくが「かりそめでもいいので相手に興味を持つ」というのは、その程度のことです。

目に見えるところから「そのシャツどこで買ったんですか?」って訊くことは、ふつうにできますね。そのレベルから身に着けているものを経由して、「最近、お忙しいんですか?」くらいまでなら十分行けるでしょう。

でもまったく興味を持たなければそんなレベルの質問すら出てきません。ゲーム・プレーヤーの基本姿勢をとるのが困難だったら、まず相手を観察してみましょう。とにかく、見る。それだったらできますね。そこから今度は、興味をどう質問に換えていくか考えていけばいいんです。

興味を質問に変換するには

相手に抱いた興味を質問に変換する。どこに興味を持ってどんなことを訊くかはこちら側の問題なので、できるだけ相手の側に寄り添うような質問をしたい。そのやり方は千差万別ですが、あくまでその一例として、ぼくなら誤解ウェルカムでまず相手のふだんの生活を想像してみます。たとえばどんな仕事をしているのか、どんな趣味を持っているのか、そこに還元できるような最初の質問を用意してみる。

もしその人が日に焼けていたら、屋外での仕事だろうか、はたまたサーフィンや山登りのような趣味があるのか、最初の質問は「ずいぶんいい感じに焼けてますね、どちらで？」で十分。重要なのはその次です。

何か答えが返ってきたら、「あっ、そうなんですか！」「えっ？」「本当ですか！」「どういうことですか？」、反応の仕方はさまざまですが、そこへさらに興味の種となるようなもの見つけて驚く、おもしろがる。そこから会話を広げていくんです。

ここで大切なのは、**感ずる心のハードルを思い切り下げる**ということです。どんなに小さなことでもとりあえず関心を持ってしまう。相手に興味を持つことができれば質問に移せるし、そこからまた次へと会話に好循環が生まれます。

うん〈質問を見つけてもすぐに詰んでしまう〉って、簡単に言えばその質問じゃダメなわけですよね。そこで止めてしまわずになぜその質問がダメだったのか、よく考えてまたべつの「えっ？」を投げかけてみましょう。練習とはそういうこと、何度もくり返しやってみることです。

そう〈その話kwskという問いかけと、ポーズでもwktkすることが大切〉。いいですね、そのとおりです。「詳《k》し《w》く説《s》明《k》して？」を「ワ《w》クワ《k》クテ《t》カテ《k》カ」したポーズで訊く。まえにも触れましたが、インタビューではとりあえず「えっ？」って言えたら満場一致で勝ちなんです。「えっ？」と「説明して？」のくり返し。

もし「えっ、説明して？」って言えたら、間違いなく話は転がります。それで二分は保つでしょう。その後も「えっ？」で繋いで一〇個積み重ねられたら、自分の話なんか一切する必要なく二〇分。十分ですよね。べつにうまいことなんて言おうとしなくていいんです。

あの、「ホレたら負け」って言い方がありますね。ぼくは逆だと思う。好きなものが増えたらラッキー。違いますか？　好きな人と対戦してどうしたいのか、「片思いでナニが悪いんスカ？」っていつも思うんです。それを「負け」と言うならどんどんホレて、どんどん負けて、どんどん好きになって、どんどん負け癖をつけましょう。

負け癖をつけると自然に「感ずる心のハードル」が下がって、相手に恐れ入ったり感動する姿勢が身につきます。たとえばどうでもいい自慢話をされたときに、「すごいじゃないですか」って言える。そこでもし「それだったらこっちのほうが上手《うわて》だよ」なんて口にしたら、あっという間に対戦型のゲームに変化してしまいます。

相手に興味を持って質問ができる、コミュニケーションがとれる、それはチャンスのはず。「ホレたら勝ち」なんです。

相手の言い分に乗ってみる

コミュニケーション・ゲームでは、相手の言い分に乗ってみようと決められたらとても楽なんです。人は自分が淀みなく話しているときに楽しいと感じられる生き物なので、それをワクワクテカテカしながら聞ける姿勢をとれるか否か、そこにコミュニケーションの実りは懸かっています。

これ、すべての答えを言ってしまっているようなものなんです。なぜ、この人と話をすると楽になるのか。楽しく、心地よく、気まずさなんてどこ吹く風でうんうんって話を聞いてくれる人。自分のことに興味を持って、いろいろと訊いてくれる人。驚いたり笑ったり、話が転がってタイクツしない人。そういう人とコミュニケーションをとっていると人は確実に楽になれるんですね。

コミュ障の克服方法は、自分がいかにしゃべれるようになるかではありません。そこが数あるマニュアル本や世間一般の誤解している点で、まず相手の話を興味を持って聞ける、さらに言えばその技術を血肉化する、そのための練習をすることこそがコミュ障を克服する近道なんです。相手の話を聞けるように練習する。相手が話をしていて楽になれる人になる。そうしているうちに少しずつ、自分もしゃべれるようになるんですね。

もしここで相手の言い分に乗ってみることが悔しいという人がいたら、それはまだコミュニケーションを対戦型のゲームだと思ってるからです。〈そういう吉田さんは自分の意見ってないの？〉。**協力プレーを旨とする会話においては、自分の意見なんて要らない**と思ってます。もちろん「ぼくはこう思うんだけど」って言うことで話が続く場合はあります。でもそれは、あくまで相手の言い分を踏まえたうえでの感想で、自分から率先して主張した意見じゃありませんよね。

確かに下心や先入観を勝手な意見だと言うなら、そうかもしれません。それにしても相手の話を引き出す技術として使っているのであって、自分の意見を押しつけることではない。だから誤解ウェルカムだし、訂正してしゃべってくださいってことになるわけです。

プラスの気持ちになりたい欲求

コミュニケーション・ゲームがおこなわれる場は常に相手のフィールドです。いつもアウェイゲーム。そこに自分を質問という形で投げ出してみる。それはホームゲームで「こっちのルールに従え」って言うよりずっと負ける可能性が低い方法なんです。話は転がりはじめるまでが勝負。転がりはじめるまで手塩をかけて育てないと、コミュニケーションはうまくいきません。

たとえば、世の中こうなったらいいなと思ってることは、誰しもが持っている意見だと思います。ただそれを最初から会話に持ち込むとメンドくさくなることのほうが多い。自分の価値観が相手と一致しているとは限らないからです。自分の意見をもって説得しようとすると相手がしゃべってくれなくなるか、さもなければケンカになります。いずれにせよ元気の出ない結論ですよね。それではゲームは成り立ちません。

むしろ意見を戦わせるなんてどうでもいいと決めたうえでゲームに臨む。そのような意思があればより発見に満ちた結果をもたらすと思います。非戦のコミュニケーションとはそういうこと。真実を追い求めようなんて気はさらさらありません。延々と楽しい会話をしていいたいだけです。そのために必要じゃないことは極力排除していこう、それがコミュニケーションそのものについて語るぼくの基本的な態度です。

コミュニケーションの欲求というのは、本当は「プラスの気持ちになりたい欲求」なんですね。討論であろうとガールズトークであろうと、**コミュニケーション・ゲームに参加したらプラスの気持ちになれるチャンスにもう触れているん**です。

だから相手のフィールドでゲームのやり方がわかってくると楽なんです。たとえば外国人との会話。これは意外と話が途切れない。なぜか？　相手より自分が詳しいわけはないと、はじめから負けてあたりまえの状態で話をするからです。おたがいが相手の話に乗ろうとする。むこうは日本のことを知りたい、こちらは外国のことを知りたい、言語の問題はあっても会話の基本構造が話しやすい状態になっている。その意味でもアウェイのほうが質問に事欠かないんですね。

会話で優位に立とうとしない

はい、〈会話では自分が優位に立とうとしない〉。そのとおり！　たぶんぼくより正しく説明してる。すばらしい。

負け癖をつけるというのも、相手の言い分に乗ってみるのも、相手のフィールドでゲームをするのも、つまりはコミュニケーションにおいて相手より自分が優位に立とうとしないこと。そうすればすべて解決しますね。

だけど人間、優位に立ちたくなるんですよね。ぼくもそうでした。正直、心が痛いです。でも自分のことなら意識的に態度を決定できると思う。相手に対して優位に立とうとしない。うん、できるでしょう。人は、自分より優位に立っている人間に対してあまりものを言いたくなりません。〈疑わずバカ正直に受け入れて楽しめれば勝ち。潰し合っても意味がない〉。それができたら本当にいいですね！

そのためにはどんな技術があるのか、ここで実際に使える三つのテクニックを紹介したいと思います。相手に対して優位に立たないですむ技術。
①　ホメる
②　驚く
③　おもしろがる
ひとつめは「ホメる」こと。これはほぼすべてのコミュニケーション・ゲームにおいて有効なテクニックです。

ホメられたいですよね、みんな。これはどんなに功成り名を遂げた人でも問答無用でホメられたい。どうでしょう、最近、人をホメたことありますか？〈吉田さんカッコいい。はい一回ホメました〉、おい（笑）。ああ、逆に〈ずっとホメられてきませんでした。もういい加減、心が折れそうです〉って、やっぱり足りてないんだなあ。

でもね、そんなふうに書けるのは結構すごいことだと思いますよ。こうして自分を晒せるなんて、すばらしくないですか？〈たぶん冗談でなく、正直な気持ちだと思う〉〈自分が優位に立っていない〉〈根性あるな～〉〈ありのままを言えるのは重要〉。ほら、すごいホメられてるよ。いまどんな気持ち？　あ、〈みんなありがとう。うれしくて涙目です。それを母親が怪訝な目で見ています〉って（笑）、おもしろいなあ。

そこで今度はここが重要なんですが、彼のこの返答を見たみんなも、なんかうれしくないですか？　全力で人をホメて、相手が「ありがとう！」って気持ちになると、ホメる側にもいいことがあるんです。ホメるのは自分がいいと思った部分を相手に表明することなので、ほとんどの人はホメられて悪い気はしません。**ホメると自分が相手に受け入れられるんですよ！**

これは興味を質問に換えるひとつのテクニックでもあるんですが、先の偏見の話で「そのシャツどこで買ったんですか？」って初手を「とても趣味のいいシャツですね」って言えば、相手は嫌な気持ちがしませんよね。きっと何か返してくれると思う。そこからまた質問にもっていくことができる。だからもう、息を吐くようにホメていいと思います。

驚けるチャンス

ふたつめは「驚く」です。人に何かを伝えようと思ったら驚くといい。なるべく伝わるように演出するテクニックです。

これはアナウンサーとしての定石ですが、たとえばその日はじめて解禁する曲があったときに「新曲です、どうぞ」ってかけるより、「えっ、この新曲？　いま解禁しちゃっていいんですか？」って言ったほうがリスナーの反応がいいんですね。

ではどんなテクニックをもってすれば驚きを呼びやすくなるのか。「ガールズトークは正しい」と言ってるくらいなので、そこに小難しい理屈は要りません。**言葉の組み合わせの新奇性がすべてです。それは情報の新奇性より先に立つ。**

浜田ブリトニーというギャルマンガ家がいるんですが、いちばん好きな作品がさいとうたかを先生の『サバイバル』で、理由は路上生活してたときのツラさがよくわかるからっていう（笑）、その彼女が藤子不二雄Ⓐ先生に会ったときの反応がすごくて、「超ゴッド」

（笑）。藤子先生は神をも超える存在なんだと。それはもう知性とかボキャブラリーの独自性とか、そういうレベルの問題ではない。言葉の組み合わせに新奇性があり驚きがあるから伝わってくるものがあるんです。

彼女の場合はそうやって進んでバカっぽい表現ができるのがじつはたいへんな知性で、決してどこかで聞いた借り物を使って表現しているわけではないんですね。それとは逆の例で、先の「勇気を与えるプレー」とか「感動をありがとう」とか、オリンピック選手が「試合を楽しんできます」とか口にすると、なんか違和感がある。

たぶん「感動をありがとう」という言葉を最初に使った人は、本当にそう思ったはずなんです。でもいつのまにか、それをみんなが使いはじめた。すると驚きがなくなってもうカンベンって気持ちになっちゃう。勝手に感動を代弁するな、感動を押しつけないでくれ、ってなる。それはすでに、言葉の組み合わせが新奇性を失っているからなんです。

もうひとつ。一見、物事に対して無知なほうが驚けそうな感じがしますが、これは逆なんです。対象について深く知っているほうが驚きの度合いが濃くなり、驚けるチャンスも増えるんですね。

藤子先生の作品を一作も読んだことがない人は、もしお会いできても驚きはないはず。でも浜田ブリトニーは先生のことをよく知っているから、「超ゴッド」のひとことが口を突いて出る。ワインの知識があればあるほどレアな年代物の価値がわかるように、無知だから驚けるんじゃないんですね。深い知識があるから驚ける。素直であることと無知であることはイコールではありません。

ポジティヴな経験を増やそう

三つめ「おもしろがる」も忘れちゃいけません。これにはとても印象深いエピソードがあって、ある映画の宣伝マンから聞いた話です。

たまたま話す機会があって、あくまで一般論として「宣伝する映画がものすごくつまらないとき、どうされるんですか？」って訊いたんですね。そしたら「駄作を撮ろうと思っている監督はひとりもいません」、きっぱりそうおっしゃったんです。それを聞いたとき、こういう人に宣伝を担当される映画は幸せだと、本当に素敵だなって思った。

映画に限らず確かにまあゴメンな駄作はあるし、いろんな原因が重なってそうなってしまうんでしょうけれども、どんな作品にだって誰かを楽しませようとした事実は絶対にある。名作計画は必ずあったはずだから、ぼくはそこに目を向ければ話は聞けるし、おもしろがれるはずだって思ったんですね。

それはぼくの勝手なおもしろがり方ですが、コミュニケーションについても言えることだと思うんです。よほどのことがない限り、はじめからわざとつまらない話をしようとする人なんていないと思う。相手に言葉はなくても、もし小さな相槌でも打ってくれたら、その段階で「気まずくしたいとは思っていません」というサインだと思っています。

人間は基本的に、幸せなことより不幸のほうが記憶に残りやすい生き物です。最悪の不幸は死に至るので、ひどい体験を憶えていないと生き残れない。ということは生命の危機をどこかにプログラムしている生き物しか、いま生存繁殖できていないはずなんです。

人はネガティヴな記憶のほうが多いからこそ、日々、瞬間瞬間、おもしろさを求めて、かつ実際におもしろがっていないと堪えられないんですね。コミュニケーションを編み出したのは生存繁殖のためだけでなく、おもしろかったり楽しかったり、ポジティヴな気持ちをいちばん手っとり早く得ることができるからです。

いずれにせよネガティヴな記憶が前提になっているのなら、できるだけ不幸を少なくしてポジティヴな経験を増やしたい。なかでも、ホメられたり、驚いたり、おもしろがったりした体験というのは、幸せな記憶として蓄えられることをおのずと希求するんです。

たとえば今日食べた朝ごはんはさすがに憶えていますね。でも一週間前の朝ごはんを憶えているかどうか、あやしい。これが一ヵ月前だったらもう難しいでしょう。だけど二年前に友だちに呼ばれて行った鳥取のホテルの朝ごはんは憶えている。

さっきみんなにホメられて母親から怪訝な目で見られたキミよ（笑）、たぶんその出来事は忘れないよね。好きなアイドル、マンガ、映画、何でもいいけど、おもしろいから、それぞれにおもしろがり方を把握できたから憶えている。そうですよね。

こんなふうに「ホメる」「驚く」「おもしろがる」は、コミュニケーションの技術を考えるうえですごく重要な三大テーマと言っていいと思う。そしてそれらは全部、まず相手に興味を持たないとできない。かりそめでもいいから興味を持とう。この言葉に集約されてそこに戻ってくるわけですね。

7　質問力を身につける

日本でいちばん有名な質問

現代日本に生きるぼくたちが知っている、いちばん有名な質問は何か？　**タモリさんの「髪切った？」**じゃないでしょうか。

世間にはいろんなタモリ論があるんでしょうけれど、ぼくは、タモリさんはじつは視聴者なんじゃないかと思っています。視聴者の代表としてテレビ画面のなかにいる。延々と視聴者にテンションを合わせ続けているんです。

でもふつうは、画面のむこうにいる視聴者のテンションって、スタジオの人間にはわかりません。あたりまえですよね。第一、どれだけいるか知れない視聴者のどこにテンションを合わせたらいいのか、ふつうわからないはず。一方で視聴者は、テレビを見ていればいつもそこにテンションを合わせているわけです。

だからタモリさんは必ずお茶の間とテレビを繋いでくれるんですね。本当におもしろいときしか笑わないいし、まわりがワイワイやってるのをじっと見ていて、話に入っていけると思ったときにしかしゃべらない。

タモリさんは常にお茶の間のテンション。「自分は国民のオモチャ」っていうのはそういう意味なんだと思います。そんなタモリさんの代名詞とも言える質問が、「髪切った?」です。これはコミュニケーションにおける定石を考えたとき、神の一手と言うべき質問なんです。

たとえばサッカーでキラーパスという言い方がありますね。味方の選手がディフェンスラインを飛び出す一歩手前で、うしろからピタッと合わせるスルーパス。サイドラインを一気に駆け上がって、センターにドンと入れるクロスパス。それはサッカーのルール上やらなきゃいけないプレーじゃないけど、そのようなパスがゴールを挙げる可能性が高いからいろんなチームが採用する。キラーパスはサッカーにおける定石です。

それと同じように、コミュニケーションにおける定石、局面を大きく切り開くパスがあるとすると、「髪切った?」は神の一手、すごい技術なんです。

「髪切った？」は神の一手 1

ではなぜそれが神の一手であるか？　順を追って考えていきましょう。

まず一つめ。この質問は、前回と今回の変化を指摘する、ということです。

変化を指摘するのはとても大切な定石です。よく女の子が「髪を切ったのに言ってくれない」ってヘソを曲げる。それは好きな人に自分の変化を気づいてもらいたい、あなたのために変化している私を見てというサインですよね。その点「髪切った？」は、的確に変化を指摘するところがすばらしい。初対面以外では何度も使える質問です。

二つめ。他愛がない、ということです。

そう感じたのであればいつでもどこでも使える万能の質問です。なぜか？　内容に他愛がなく、言葉面もさりげないからです。

さほど重大ではないとみんなが思ってることは、相手にとっても応えるリスクが少ない。そういう質問は楽でいいですね。たとえば、二〇歳の成人年齢を引き下げるってどう思う？全然訊いていい質問でしょう。まったく失礼じゃない。でも相手の気分にハマらない可能性は大いにあるし、なにより考えて答えなきゃならない。それは他愛なさ、さりげなさが足りない質問なんです。

人がふだん日常をどんなテンションで生活してるかというと、だいたいにおいてどうでもいいことをベースにしている。**みんながふつうに皮膚感覚で生きてる日常には、「髪切った？」っていう他愛のなさがとても重要**なんですね。

「髪切った？」は神の一手 2

ここまでは質問する側の問題。それに対してあとの三つは、質問される側の問題です。三つめ。返答のリカバリーができる、ということです。

「髪切った？」に対して、もし「切ってないです」って反応があったとき、一瞬「あれ、じゃあなんでだろう？」って思いますよね。「じゃあ、染めたのかな、まとめ方が違うのかな、でもなんか違うように見えるんだけど……」。質問した側のそういうとまどいは相手にも伝わる。すると答える側は、「切ってないけど、整髪剤を替えてみたから」とか「いつもと違う髪留めにしてみたから」とか、いくらでも答えをリカバリーできるんです。リカバーして、あいだに一瞬漂った気まずさを駆逐できるんですね。

もしこれがさっきの成人年齢の引き下げ問題だと、意見が分かれてしまった場合リカバリーはなかなか難しいし、最悪、対戦型の議論にもなりかねない。重要なのはおたがいが気まずさを回避し続けることなので、定石としては意味のある質問よりリカバリー可能などうでもいい質問のほうが上位なんです。

四つめ。自分に関心があるということがわかる。

「髪切った？」って訊かれた瞬間に、「あ、この人の視界に自分は入ってるんだ」と思える。誰かに気にかけられていると思えたら、ちょっとアガる気がしませんか？　自分のなかに小さな感謝が生まれる。**「髪切った？」は、相手に興味があることのささやかな表明**なんですね。

五つめ。髪を切ったことは忘れない。

髪を切ったかどうか憶えていない人はまずいません。もしこれが「そのシャツどこで買ったんですか？」だと憶えていないこともあるでしょう。でも、どんなに忙しい人でも髪を自動的に切られるなんてありえない。必ず答えようがあるはずなんです。

なぜ「髪切った？」が神の一手と呼ぶにふさわしい優れた質問なのか。

① 変化に気づく
② 他愛がない
③ 返答のリカバリーが利く

④ 関心を抱いているサインになる
⑤ 髪を切ったことは憶えている

ただタモリさん自身、実際に「髪切った？」って訊いているのかどうか、これはかなりあやしい（笑）。じつはタモリさんを象徴するネタであって、本当に言ったことがあるのかすら、半年間番組をご一緒させていただいたことのあるぼくにもよくわからないんです。

ここで重要なのは、真実ではなく、タモリさんなら言いそうだっていう感覚がすでに広く知れ渡っている事実です。『笑っていいとも』というテレビ番組を三二年間、生でやり通したタモリさんを象徴するひとことが、難しい名言でもなんでもなく「髪切った？」というきわめてさりげない質問だった。驚愕です。

会話における「トラップ・パス・ドリブル」

「髪切った？」には、質問を発した側にも受ける側にも、もっともシンプルな形でコミュニケーションの構造が示されています。ぼくはそれを、サッカーの「トラップ・パス・ドリブル」という術語を使って説明してみたいと思います。

まず、トラップ。

相手を見て、何かを思う。その相手、場所、環境から、何らかの感想を引き出す。「あ、髪切ったのかな？」と思う先入観、偏見、その最初の受け止め、これがトラップです。

相手と会ったいちばんはじめに、自然と自分の足許へボールがきている。会話は強制スタートなので、その段階でトラップをしています。悪印象を持った場合のスルーもトラップの一種です。

次、パス。

相手に対して抱いた興味「あ、髪切ったのかな？」をスルーしないで言葉にして相手に向けた場合、それは質問になりますね。これがパスです。

すなわち「髪切った？」って訊く。相手にパスを出したということです。

そして、ドリブル。

質問をパスされた相手はそれを受け取って、つまりトラップして答えを返してくるはずです。自身の話をする。それがドリブルです。

もし相手が自身でその受け答えを思案しているときは、ボールをリフティングしている状態ですね。それもドリブルの一種です。

簡単に言えば、**受けがトラップ、質問がパス、答えや感想といった自分の話がドリブル**というわけです。「髪切った？」からはじまる会話には、そうしたコミュニケーションにおける構造がすべて整っているんですね。

会話のボールがいまどのような状態にあるのか、このトラップ・パス・ドリブルという術語が何を意味するのか、まず念頭においてみてください。

トラップ――話を受け止める

会話が弾む、コミュニケーションの時間が繋がるというのは、全体的に相手の答えやすい質問をどれだけくり出せるかに懸かっています。パスが繋がればゴールの可能性も高くなる。サッカーと同じですね。

それにはまず、相手の言っていることを受け止めること、トラップがすごく重要です。こちらにボールがきたらうまくトラップして次のパスへ繋げる。それをコミュニケーションで言えば、相手の話をきちんと聞いて、会話が次に繋がる質問をするということです。

トラップは最初の先入観からはじまって、コミュニケーション・ゲームの過程で相手の話をどう受け止めるか、常に試されるアクションです。それも「さあトラップするぞ」と構えるんじゃなくて、実際にボールがきたとき相手の動きを見てどうトラップすれば次のパスに繋げられるか、常に考えながらプレーする必要がある。

かつてオシムさんが「考えて走る」と言ってましたが、考えて走った先にボールがきたとしたら、まず最初にすることはトラップです。このトラップをミスしたらプレーはスムースに進んでいきません。その意味ではコミュニケーションもサッカーとまったく同じ。プレーが止まらない、ずっと動いている、コミュニケーションの時間が繋がる、そうして**勝利条件に近づいていく最初のアクションが、相手の話を受け止めるトラップ**というわけです。

ただ、雑なパスってありますよね。よくわからない質問。どう受け止めていいのかわからない話。そのときはスルーしてしまうのではなくて「ええと……」と、ちょっとリフティングしてみましょう。自分のなかでボールを転がしてみる。

サッカーでこれをやってしまったら相手にすぐボールを奪われてしまいますが、コミュニケーション・ゲームでは、相手が複数いる場合、リフティングしてるときにボールを奪いに来てくれる人がいるかもしれない。そうなったら楽ですよね。

あるいは自分がリフティングしている様子を見て、相手がもう一度噛み砕いてパスを出してくれるかもしれないし、こちらがより受け止めやすいドリブルをしてくれるかもしれない。それが可能なのは協力プレーだからです。サッカーという対戦型のゲームと違うところはここだけです。

そのとき、ちょっとがんばって訊き返す勇気を持てたら、なおいいですね。トラップし直すための小さなパス。スルーしたり、ゴマかしたりしたりしない。その勇気の持ちようには明確な技術があります。それは相手の話を一〇〇パーセントしっかり聞くということです。

相手の話をしっかり聞いていれば、少なくとも自分はここがわからない、ということに自信が生まれます。

相手の質問にうまく答えられないのは、そのまえに話をうまく受け止められていないからです。相手のパスを自分でトラップできない。それには相手のパスが雑なのか自分のトラップが下手なのか、よく考えてみる必要がある。相手の話を十分聞くことがキモになってくるわけです。

相手の話を全部聞く

タモリさんの受け答えに困っているゲストっていないでしょう。それは質問、パスがものすごくうまいからなんです。なぜパスがうまいのか。それは相手の話をひとつも聞き漏らしていないからです。タモリさんは滅多に訊き返されないんですね。それはゆっくりしゃべるとか、滑舌がいいとか、そういうレベルの話ではありません。

タモリさんは自分から話したい事柄なんてないんです。番組内では相手の話に便乗してしゃべってるだけ。「話す」ではなくて「聞く」が仕事になっている。それが現代日本を代表するコミュニケーターの姿です。

そう〈人の話をよく聞けていないときイコール、とくに自分の話がしたいと思ってるとき〉、おっしゃるとおり。自分の話をしたくて仕方がないときって、なかなか相手の話が耳に入ってこない。だからここはグッとガマンして、とにかく相手の話に耳を傾けよう。

相手が言ってること、全部聞く。**相手が伝えたがってることだけ聞いておけばいいわけではない。そこに恣意を挟んでしまうと自分の話になってしまう危険が大きい**んです。もちろんすばらしいドリブルに持ち込める話術があれば結構ですが、そんな人、ぼくの放送なんか見ちゃいませんよね。

気持ちを入れて話を聞いていると、どんな小さなことでも感想を持たずにはいられないんです。その感想がトラップの糸口になる。そこでドリブルしてしまうまえに、まずは相手の話を受けるアクション、トラップが重要なわけですから、その都度抱いた感想からどれがいちばんパスに繋がりやすいか、自分で考えて判断を下せばいいんです。

トラップの基本技術は、話を全部聞く、感想を持つ、このふたつだけ。それができると、相手の話のなかにひとつくらいはパスの出し所があるはずなんですね。

ベタなトラップ「ふーん」「へえ」「なるほど」

じゃあ、話の受け止め方、具体的にトラップの仕方ってどんなのって話になりますよね。これはもう星の数ほどあるので、逆に訊いてみましょう。

はい、〈ふーん〉って、もっともポピュラーなトラップかもしれない。でもどうだろう、せっかく話したのに相手から「ふーん」と言われてうれしいかな。それより「あっ、そうなんだ」のほうがうれしくありませんか？　この違いは何かというと、どんなに薄くても驚きがあるかないかだけなんですね。

ここで心懸けたいのは、話が転がっていく方向にトラップすることです。パスが繋がる方向、気まずさを避けて相手がドリブルしやすい方向。サッカーでもそうですよね、プレーが止まってしまう方向にはトラップしない。「ふーん」はその方向がよくわからないので、できたら避けたいトラップです。

話をしっかり聞いているかいないかはこちら側の問題ですが、相手にはトラップひとつでそれが伝わってしまうんです。だから「ふーん」のあとに「おもしろくないですね〜」ってつけ加えたほうがまだ話は転がるかもしれない。もちろん「おもしろいですね〜」のほうがいいけど、そこでウソついて無理に話を合わせても会話は弾まないので、できるだけ正直にひとことを付加したほうがいいですね。

そういうベタなトラップに〈へえ〉と〈なるほど〉もありますが、それは言い方にも依りますね。ニュアンスの問題です。**ただ受け止めるだけの「へえ」と「なるほど」は、「ふーん」と同じ理由であまりよろしくない**と思います。ただタモリさんの場合は「へえ、そう！」とか、小さな驚きを必ず付加した言い方をするんですね。

無関心の「へえ」や「なるほど」は、だいたいそこで会話が詰んでしまいます。でも、興味はあるけど質問にどう繋げていいか判断つかないようなときは、相手がそのニュアンスを汲み取って話を補足してくれることが多いんです。トラップはしたけどうまくパスができない。じゃあもうちょっとドリブルするから、いい塩梅のところでボールを取りに来てっていう状態になる。

そんなふうにニュアンスというのは、自分が思ってるより相手に伝わっちゃうものなんです。話を聞いていると感想が生まれて、表情も知らず知らずのうちに変わっていくので、その段階でニュアンスが勝手に伝わってしまう。ニュアンスは必ずしも言葉の介在を必要とするものではありません。考えないとわからないものはニュアンスではないからです。

感想の増幅とダイレクトパス

会話を左右するのは、話を受け止めた最初のひとことのあとに続く事柄です。たとえば相手の話を聞いておもしろいと思ったときに、それはいろんなニュアンスで返すことができる。仮に最初のひとことが「なるほど」であっても、そのあとにどんな言葉を継ぐかによって会話の内容は変わってきますよね。

より相手に気持ちよくしゃべってもらうためには、プラスの感想を増幅してつけ加えるのがもっとも効果的なんです。それこそが良いトラップ。一でもポジティヴな感情を抱いたら、それを一〇増幅しても構いません。たとえば子どもを喜ばせたくなるのは、ポジティヴな感情を隠さずストレートに返してくるから。それぐらい大げさなほうが相手は気持ちよくしゃべってくれるはずです。

ただ、その方法にも原則があります。**一でもプラスに思った感想はどんどん増幅してもいいんですが、〇《ゼロ》を一にすることはできない**ということです。想像してみてください。一〇円のチョコレートを食べて「やっぱ世界一うまいわ！」って感想を口にする、それは誇張であってもできないことではありませんよね。でも「しょっぱい！」と口走るのは確実に無理がある。それは増幅ではなく捏造です。捏造されたトラップはとても不自然なので、せっかくパスを出してくれた相手を傷つけてしまうんですね。

子どもは、本気で自分に向き合ってくれない大人を鋭く見抜きます。同様に、無理のあるいい加減なトラップを続けていると、その人にパスが集まらなくなる。増幅は可、捏造は不可。相手の話をトラップする場合、ここは細心の注意が必要です。

相手にしゃべらせ続けることを考えると、先のベタなトラップに対して、最高のトラップとはどんなものか想像がつくと思います。そう、サッカーにおける最高のトラップと同じ、ダイレクトパスです。

トラップがそのままパスになっている。「えっ？」のひとことのあとに増幅された感想が乗った質問、もしくは、感想そのものが質問になっているダイレクトパス。**最高の受け答えとはそれ自体が質問になっている状態**です。

ダイレクトパスがポンポン繋がったゴールというのは本当に美しいですよね。PKの次にゴールが生まれる確率の高いプレー。サッカーではもっとも難しい技術を要するプレーでもあります。相手との呼吸がピタッと合わなければできない。

しかし会話のダイレクトパスはそこまで難しくない。相手の話のなかに「えっ？」と思える箇所があったら、「えっ？」と口に出すだけでダイレクトパスになるからです。そのなかには驚きも相手に対する興味も含まれているはず。その感想を増幅して相手にパスするんです。相手の話を受け止めるのに質問をもってすると、話がおもしろいように転がっていくんですね。

パス——質問する

ここで、トラップからパスの話に繋げていこうと思います。コミュニケーションを円滑に進めるにあたって、もっとも大切なのはズバリ「質問」です。

目のまえにいる人が自分の質問に応えてしゃべっているときは、気まずくない。これは動かしようのない事実ですね。ということは質問のテクニックさえ身についていればコミュニケーションはうまくいくはずです。質問する力をどれだけ持っているか。**相手にいいパスを送ることができれば、コミュニケーションの問題はもうほとんど解決する**といっても過言ではありません。

トラップの基本技術「相手の話を全部聞く」を実践していれば、ダイレクトパスへ繋げるチャンスも得やすくなります。では実際にどのような質問がもっとも好ましいか。気を遣うべきポイントはどこにあると思いますか？

〈相手のタブーに触れない〉〈プライベートに踏み込まない〉。すばらしい、心やさしい、コミュ障らしい答え。相手に敬意を払う、大切です。でも最初からそのポイントがどのへんにあるか、少しわかりづらいですよね。それより先にもっと大切なことがあります。それは答えやすさです。

人はよっぽどのことがない限り、考えなければ答えられない質問には二の足を踏んでしまうんです。これはぼくの失敗談でもあるんですが、その人が持っているセンシティヴな問題に触れるインタビューというのは、質問をする側も答える側もすごく疲れます。考えて答えていただいてもあまりいい結果をもたらすことはない。

反対にとにかく答えやすさだけを追求して質問を重ねていくと、時折とんでもないジャンプ力のある答えが返ってくることがあるんです。それは二度と同じ答えが出ないようなオリジナリティのある反応で、インタビューとしても優れたものになるんですね。食べ物に喩えるなら、栄養はあるけど食べづらいものよりまず食べやすいこと。答えやすい質問がいちばん効果的です。

会話が弾めば中身はあとからついてくるものなので、とにかく相手が答えやすい質問をくり返せばいい。逆に相手からこのあたりの話を聞き出そうと意図して質問すると、インタビューが調査か取り調べになってしまって、おたがいに楽じゃないんですね。

相手が興味のあることを訊く

じゃあ、質問にはどんな技術があるのか。それはトラップと同じで「星の数ほどある」としか言いようがありません。質問の仕方、訊き方は人それぞれ千差万別。なのでここからは、放送を見てくれているみんなと会話を実践しながら、重要なテクニックを具体的に考えていきましょう。

まず大切なのは「相手が興味のあることを訊く」です。これはシンプルですよ。たとえば相手がサッカー好きだったとして、もし自分がサッカーをよく知らなくても、あえてサッカーのことを訊くんです。なぜか？　相手がしゃべってくれるから。それだけ。

自分が優位に立とうとしない。相手のフィールドに立つ。憶えてますね。自分の知らない話で何か問題でも？って感じ（笑）。それを**タイクツに感じないコツは、相手から教えてもらっていると思えばいいい**んです。人はだいたい教えるのが大好きなので、驚きをもって話を受け止めていれば、そのトラップを相手は自然にパスに感じてくれてどんどんドリブルしてくれるはずです。

〈質問するだけの知識がなかったら？〉。そうですね、知識がなかったら質問を返せないかもっていう不安はある。じゃあちょっと会話を想像してみましょう。たとえばぼくが偶然フィンランド人とバーで隣り合わせて会話をする事態になりました。ヘンな話ですけど、相手が「フィンランド」って言った瞬間に、もう「えっ」ですよね。

ぼくはフィンランドのことをまったく知りません。でもここは、すでにゲームがスタートした状態です。そこでいきなり「フィンランドってどんな国ですか?」って訊いたら、答えようがありすぎて相手も応えづらいと思うんです。質問としての解像度が低い。

そこをもし「フィンランドは冬、どのくらい寒いんですか?」って訊いたら、いろいろ答えてくれると思うんですね。北欧、サウナ、森、ノキア、スキー程度の貧困な知識しかなくても、そこをイメージして、冬の質問なら「サウナってどうなってるんですか?」とか「サンタクロースは本当にいるんですか?」とか、自分のできる範囲内でいいと思います。全然背伸びする必要ない。

そのあとなら、たとえ相手が「日本ってどんな国ですか?」って大雑把に訊いてきても、今度はいくらか答えようがあるでしょう。サウナなら銭湯とか、サンタクロースだったら七福神とか、連想することができる。知識というのは、話が転がり出せばその場のイメージと連想でいくらでも拾えるんです。

具体的に訊くことを心懸ける

いまの話でもっとも重要なポイントは、「具体的に訊く」ということです。それも内容が伴った答えが返ってくるような訊き方をする。もし答えがイエス・ノーだけで終わってしまったら、それは質問じゃなくて確認です。

よくあるのは、「最近どう？」っていう質問。これが答えづらいのは質問としての解像度が低いから。質問の求めるところが曖昧で、どう答えようか考えちゃいますよね。面接時の「自己PRをどうぞ」と同じ、ほとんど無茶ぶりでしょう。相手に考えさせるっていう時点で親切じゃないし、いいパスではない。

だからといって「それは親切な質問ではないので、答えようがありません」って返すわけにもいきません。そんなときは噛み砕いてみましょう。**相手の表情を先入観でトラップして、「最近どう？」をたとえば「体調悪くない？」へ勝手に翻訳してみる。**そうするといくつか返答が思い浮かびませんか？

いいですね、〈あいかわらず寝不足だけど、そっちは元気にしてた？〉みたいな答え。

そうやって自分から「最近どう？」を噛み砕いて、健康面のほうへトラップしてみる。もしそこで相手の返事がイエスだけだったら単なる確認になってしまうので、さらに自分の健康面をドリブルにしてつけ加え、より解像度の高いパスを出してみましょう。

　このように、質問に具体性があると相手が応答しやすいんですね。ぼくがよく引く例で言えば、「調子どう？」ではなく「お腹の調子どう？」って訊いたほうが答えやすい。「調子どう？」はすごく難しい。具体的じゃないから。それを「最近お腹の調子どう？」にすると質問としての解像度が上がりますよね。それだけ具体性を帯びるんです。

質問の実践テクニック

　ここで実際に、具体的に訊く質問を実践してみましょうか。

〈今日ご飯、食べた？〉。この質問がいいのは、ふだんみんながやってることを訊いているからですね。立派なテクニックです。ぼくは今日、めずらしく昼食を食べました。ひとことつけ加えます。イベント会場の楽屋でエビフライとハンバーグ、あなたのお昼は？

〈修学旅行、どこ行った？〉。これもいいですね、みんながほぼ経験していることを訊く。これもテクニックです。旅の話は広がりますよね。修学旅行は必ずしもいい思い出だけじゃない人もいるでしょうけど、旅は基本、楽しみで行くものですからね。

次、〈マンガで好きなキャラクターは?〉。そんなこと訊かれたらしゃべることいっぱいある。これはぼくがマンガオタクだってことを知ってるからこその質問。相手の持っている情報を引き出す。相手のことをある程度知っているなら、ここはただ「マンガ」って言ってしまうのではなくて、より具体的に「いま連載中のマンガで」とか「手塚治虫のマンガで」とか、相手に対する興味が対象としてもうひとつあるといいですね。

あと〈眠気がガマンできないとき、どうしてる?〉。これも相手の持っている情報を引き出すテクニックの使用例ですが、相談するっていうのはすごくいい。どうしたって自分が優位に立つことはないし、相手にしゃべってもらうために訊くわけですからね。ぼくは眠気が襲ってきてどうしようもないとき、一五分、寝ます。ちょっとでも寝ると脳内で眠気物質が一回吸収されるので、そのあと二度寝だけ気をつければしばらくは保ちます。

〈通っていた高校の自慢、教えて?〉。これはもう一〇〇点の質問。いま話したテクニックが全部入ってるでしょう。まず「学校」じゃなくて「高校」、その目的格を「自慢」、しかも「教えて」。内容がとても具体的で、かつ相手を立ててる。しかも人によっては「そんなのないよ、最低だった」とも言えるわけで、そしたら「どう最低だったの?」って訊けるし話が全方位に広がるでしょう。曖昧な感覚になんとなく頼っていたらこうはいきません。

会話に重曹を入れる

まえにぼくのラジオ番組で、あるアーティストにファンが直接インタビューするって企画をやったことがあるんです。でも、緊張してるのか割と無難な質問が多かったんですね。ただそのなかでひとりだけ、まさに核心を突いた女の子がいた。何を訊いたか。プロには絶対にできない質問です。真剣に「彼女はいますか?」って訊いたんですよ。そしたら「先週、別れた……」って(笑)。たぶん当のアーティストにとっても最高のインタビューになったと思う。

これは経験上言えることですが、相手に興味を持って素直に訊いた質問は、ときに核心を突いてミラクルを呼び起こすんです。話がガチッと噛み合う。パスを出した先に、偶然にも相手がピンポイントで走り込んでいたという状態。パスが通った瞬間それは、話している当事者だけでなくまわりにも伝わるんですね。

そんなミラクルはしょっちゅう起こることではありませんが、繋がりやすいパスを出し続けていれば、数打ちゃ当たるでその確率も高くなるのは自明の理です。そこで問題になってくるのが、パ、、、、スコースというわけです。

さすがにピンポイントでは繋がらないにしても、どの方向へパスすれば相手にボールが通りやすくなるか。ここでそれをさらに一歩踏み込んで考えてみましょう。

サッカーを見ていても、そんなの繋がらないよってダメなパス、ありますよね。それはパスコースを見誤っているからで、パスがよく繋がるゲームをしているときはプレーヤーも気持ちがいいはず。会話も同じで、みんなにパスコースが見えているときは全体的に会話が弾みます。**誰にも共感があってディテールの違う話ができると、質問がどんどん湧いて出てくる**んですね。

たとえば、給食の話。「どんな給食が好きだった？」。これ、みんな応えられるでしょう。すかさず〈ミルメーク〉ってきましたが、ぼくはここでもう「ミルメークって知らないんだけど、コーヒー牛乳にするシロップみたいな？」って質問がある。ああ〈粉末コーヒー〉なんですね。〈揚げパンと納豆和え〉。納豆！　給食も進化してるなあ。納豆で進化する給食。へえ〈静岡で揚げパンは出ない〉、そうなんですね。〈鯨肉の竜田揚げ〉。これは世代にもよりますね。給食の話は世代の違いもカバーできるんです。〈脱脂粉乳〉、ウソつけ（笑）。

すごい数のコメント、もうキリない。こんなふうにみんなが共感できて、ディテールの異なる質問というのは、会話へ重曹を入れるみたいにわーっと話が広がるんです。トラップ・パス・ドリブル、いくらでも湧いてくるでしょう。パスが繋がりやすくなる方向にボールが蹴り出されているからですね。

パスコースを見極める

パスコースとはすなわち質問の対象、その方向性です。話題はあくまで質問から生ずる対象物なので、コミュニケーション自体の構造にとってはあまり本質的なことではないんですね。

給食も含めて学校の話がなぜいいかと言うと、ローカルルールがいっぱいあるからです。たとえばぼくの高校は制服がなかった。正確にはあるんだけど着て行かなくてもよかったんですね。野球部とバレーボール部は必着だったんだけど、ぼくは地理歴史部っていう、文化祭で長崎県の歴史を展示するような部活だったので（笑）。そんな話は個々、みんな持ってるでしょう。いくらでもドリブルできますよね。パスをどこに送ったら話が転がりやすくなるのか、パスコースをいかに見極めるかです。

〈旅の話〉〈兄弟の話〉、鉄板です。「きどにたちかけせし衣食住」、憶えてますね。逆に〈宗教〉〈政治〉〈スポーツ〉の話は深く入り込んでしまうと対立を生みやすいので、慎重にならないといけません。最終的には思想信条の話になってしまって、相手を説得しなくちゃならなくなる。そもそも説得なんてコミュニケーション・ゲームには必要ありません。

　大切なのは、**話題という対象物を置くだけでなく、そこへ向かって質問が出せるかどうか**ということです。制服の話題が置かれて、ひとりドリブルしているだけだったら、話は広がらない。そこへ誰かがパスを送ってくれてはじめて会話になるんです。

「受け止める＝トラップ」「話す＝ドリブル」だけじゃなく、「質問する＝パス」があるから話は転がる。パスこそがコミュニケーションの源泉なんですね。

インタビューのテクニック

　ここで、ふだんの会話でも使えるインタビューのテクニックをふたつほど、ご紹介したいと思います。

　ひとつめは「時系列に沿って相手の空白部分を埋める」というやり方です。

　どんなに研究し尽くされてる人物でも、誰にも知られていない空白部分は必ずあるものです。生年月日とか出身地とか学歴職歴ぐらいは調べればわかる。でも、どこにも書かれていない年表の隙間は聞き出すことが可能なんです。歴史小説と同じ、実際の出来事をどう解釈するかによって、記録に残っていない空白を埋めることができる。

これは相手のことをある程度知っていないと使えないテクニックではありますが、実際の出来事というのはその人の生い立ちにくっついているものなので、情報がない空白部分を丁寧に埋めていくぶんには質問は止まらないんです。そんなときはできるだけ自然に、時系列に沿って訊いていくと話が整理しやすい。

出生から小学校に上がるくらいまでに空白があったら、「生まれ育った場所はどんなところでしたか？」とか「どんな家庭で、どんな子供だったんですか？」とか、いろいろ訊けるでしょう。誰だって答えられる簡単な問いかけ。そういう質問を時系列に沿って順繰りにしていくと、だんだん映像が浮かんできてその人のイメージができてくるんですね。そうすると次第に、少し踏み込んだ質問もできるようになる。

このあいだも声優の鈴村健一さんにインタビューしたんですが、もう「声優になったキッカケは？」っていうのは訊かれ飽きてると思ったので、そのまえから順繰りに質問していったんです。そしたらバイト先がゲーム屋さんで、まわりにこんな友だちがいてって、とてもカラフルな話になった。事実関係だけじゃなく、同世代の鈴村さんが変化していく様子にいろんな意味で共感できたんですね。

もうひとつは、次にお話しするドリブルのテクニックでもあるんですが、「話のなかでズームインとズームアウトをどちらかに統一する」というやり方です。

まず自分の目をカメラだとして、話そうとしている事柄に対し、全体からズームインしていく方法と全体へズームアウトしていく方法を、ひとつの話のなかで混同しないことです。

たとえばサッカーの試合がおこなわれる様子を話すとすると、まず天候や試合の位置づけから、スタジアムの雰囲気、客席を埋めたサポーターの応援風景、フィールドのピッチ状態、チームのサイド分担、メンバーの紹介とポジショニング、ボールがセットされた瞬間、というふうにズームインしていくか、逆の順序をたどってズームアウトしてくか。これが行ったり来たりすると話の様相を把握するのが難しくなるんですね。

質問も同じで、相手に訊くことをズームインしていくか、ズームアウトしていくか、そのスコープがきちんと守られていると話全体が段階的に深くなっていくんです。時系列に沿って訊くやり方もそうですけれど、**質問を重ねるのに順番を大事にする**のは、話の展開としてとても重要なテクニックです。

ドリブル――自分の話をする

さて、トラップ、パスときて、最後にドリブルです。ドリブルはおもに自分語りをすることですが、**話というボールが次々に回っていくものとして使わなければ意味がありません。**

会話を続けていて自分のところにボールが回ってきた、パスが送られてきたとき、トラップしたあとに選べるのはドリブルかパスしかない。そこですかさずパスができたらいいんですが、話の流れでドリブルする場合もあると思います。

たとえばいま、この放送をしているニッポン放送の会議室は妙に冷房が効いてて少し寒い。ぼくはそれを知っているので、真夏でも一枚、薄手のカーディガンを持って来て対処してるんですが、先輩アナウンサーにひとりすごく暑がりな人がいて、いつも部屋をキンキンに冷やしてるんですね。なので、その人と会うときは必ずカーディガンを着用しています。っていうのがドリブル。

一方で、この部屋、ちょっと寒くないですか？　夏でも冷房が効きすぎている場所ってありますよね？　そのために何か準備してることはありますか？　職場で誰かすごく暑がりの人っていませんか？　その人と打ち合わせをするときカーディガンとか持って行きませんか？　と言うとパスになります。

この例では、誰にも話すチャンスを与えずに話し続けるのがドリブルで、誰かに話すチャンスを分配しながら話を続けるのがパスというわけです。

ぼくの仕事は、相手がドリブルしているとき、ここっていうタイミングでわざわざボールを取りに行って、さらに質問を重ねながら話を活性化させるんですが、ふだんの会話ではほとんど必要ありません。相手が気持ちよくしゃべっているときはそれを聞いていれば事足りるし、楽だからです。無理やりボールを取りに行って話を切る必要はあまりない。

ただちょっと暴走してるなって思ったときは、他の人もそう感じてるはずなので、場のテンションを合わせるのに質問を挟むくらいのことはあるかもしれない。でも、誰がドリブルしていてもその場に気まずくなる要素がなければ、聞くという態度を貫いていればいいんですね。

ここまで話してきたトラップ・パス・ドリブルのテクニックとは、徹頭徹尾、相手にしゃべらせることが中心になっていて、それはそのままラジオの状態に近いんです。みんなはコミュニケーションはゲームなんだとすでに知ってるわけですから、相手をゲストだと思って、テンションを合わせるでもホメるでも使えるテクニックは駆使することができますよね。

でもね、正直、ずっとそれができるというのは、ほとんどプロの領域なんです。ふだんからそれをやり続けるのは結構疲れるというか、ストレスが溜まるというか、無理することになる。じつはぼくも、毎日いろんな人と会ってしゃべっていますが、本当に楽だなって思えるゲストは一〇〇人にひとりかふたり程度なんです。いつもゲームに負ける可能性を孕んでいる。

ラジオでパーソナリティをずっと務めていらっしゃる方々に共通するのは、「ダントツに物知り」、「イージーに泣かない」、それから「基本的に人見知り」、その三つなんです。これは全部、話を広げるために必要なスキル。ぼくなんかはまだまだですが、その三つが完全にそろっていないとラジオ番組は長く続けられない。でもみんなはそんな立場で人と話すわけじゃないので、気持ちがいいと思えたやり方を積み重ねてとにかくゲームを楽しんでいきましょう。

●相手に気持ちよくドリブルさせる

ぼくがはじめて、相手に気持ちよくドリブルさせることができるようになったかな、と思えたのは、歌手の元《はじめ》ちとせさんがゲストにいらっしゃったとき。その回の放送はよく憶えています。

あらかじめCDを聴いてあまりにもすごかったから、番組内で曲はかけるけど音楽についてあれこれ訊くこともないなと思った。そこで、先ほどの時系列とズームインのテクニックを使って子どものころのことを訊いたら、奄美大島で生まれ育った彼女の映像がバーッと浮かんできたんですね。

元さんが子どもの時分、家にウミガメが迷い込んできたらしいんです。しばらくのあいだかわいがって飼っていたんですが、やっぱり放そうということになって、甲羅に「はじめ」って名前を書いて海に帰したそうなんですね。それから一二年が経った成人式のとき、近所の浜にウミガメがいてパッて見たら、甲羅に「はじめ」って書いてあった（笑）。

ウミガメが帰って来た話は元さんのほとんど一人語りだったんですけど、そのあとで曲をかけたらなんとも心に沁みて、とってもよかった。自分で番組をやっていて、ラジオっていいなと実感できたんですね。それはやっぱり、相手に気持ちよくしゃべらせることができたからです。彼女がまっさらなフィールドを気持ちよくドリブルしている横で、ぼくはボールを預けて伴走しているだけ。そういう状態にもって行けたんです。

パスコースがピタッと合って、それを元さんがトラップして、ドリブルしはじめた。ぼくはもうワンタッチかツータッチしかしてない。あ、行ってるなって、興味深く追ってただけなんです。相手が気持ちよくしゃべっているときは、周囲にもそのポジティヴな感じが伝わるんですね。

元さんのウミガメの話は、ハッキリ言ってムダ話です。文章にしてしまうとおもしろさも半減してしまうんですが、話している最中はおもしろくて仕方がない。**人から話を引き出すことができると、聞いているだけでおたがい楽になっていく**んですね。それまで聞き上手になろうとしても失敗続きでしたけど、そのときは意図せず聞き上手になれていたのかなって思います。

8 キャラクターと愚者戦略

キャラクターとは何か？

キャラ論、重要です。

キャラクターとは、**質問をするときの自分側の足場、もしくは相手側に「この話はきっとあの人に振るといいんじゃないか」と思ってもらえる目論見を引き出す、とても重要なファクター**です。「ここですよ、ここ」というパスコースを明確にするポジショニング、会話における自分の位置づけの問題ですね。

ただ、最近よく聞く「わたし、〇〇キャラだから」って自称するキャラクターのあり方については、ぼくは非常に懐疑的です。ここはあえて批判的に申し上げますが、アイドルがたとえば「食いしん坊キャラ」とか「力持ちキャラ」とか言うのは、自分をこう見てくださいって価値観の押しつけにすぎないと思うんですね。

もちろんそのようなキャラ設定は自分の特徴を明確に打ち出して、もしグループならメンバー構成にメリハリをつけるという意味でおこなわれている。なるほどよくわかります。しかしファンとのコミュニケーションを大切にするアイドルとして、その手法でキャラ付けしていいのか、人を楽しませるために本当にニーズのあることなのか、ぼくはよく考えてみる必要があると思う。

それはキャラクターをみずから設定して、自分をこんなふうに認識してくださいって話なんだけど、実体が伴っていなければそんな理想像は長続きしないでしょう。たとえば、番組をご一緒させていただいているSKE48の松井玲奈さんはオタクキャラで通っていますが、彼女の場合はキャラクター云々のまえに正真正銘、本物のガチヲタなんです。オタクキャラを名乗りたくてオタクをやってるわけじゃないんですね。

誰がどう認識しようと、メンバー間での差別化を図る要請であっても、ふつうに生きているうちに放っておいてもオタクになってしまう。それがその人のキャラクターになるのであって、どうしたって相手に伝わってしまう特徴こそが本物なんです。

実際、「○○キャラ」という概念が世の中で語られはじめたころはそうだったはずで、その人から自然に滲み出てくるものを本来、キャラクターと呼んでいた。それまで個性とか持ち味と言われていたようなものが、「いま、べつの言葉で言ったら何?」「キャラじゃないかな」ってささやかれたとして、その瞬間はとても効果的な響きがあったと思います。でも、「○○キャラ」という言い方がすでに一般化された世の中に生まれてきた人たちが、いつのまにかその概念を偽装しはじめた。それはやりすぎ、キャラクターは自己申告によってもたらされるものではありません。

たとえばイジられキャラでも天然キャラでも何でもいいけど、それはなろうと思ってなれるものではないんです。自分から言うことではない。気がついたら周囲にそう思われていた、いつのまにかそう呼ばれていた、そういう周囲の合意があってはじめて、キャラクターになるんです。

そうして獲得されたキャラクターは、強い。相手に対して自分の足場を示すことでふだんの会話を楽しくする、いわばコミュニケーションにおける顔です。キャラはそのため以上には必要ないというのがぼくの考えです。

キャラは周囲の予測から

いまやキャラクターは自己申告までして獲得したい、かつてなく重要な概念になっています。アイドルはそれを戦略的にアピールして、今日び小学生だって気にするほどです。なぜか？　コミュニケーションを成立させるために、キャラクターがあるととても効率的だからです。その一点でキャラは重要なんですね。

だからこそ人を楽しませるのが仕事であるアイドルは、キャラを捏造しようとするんです。でも、そんなキャラをいくら自分で宣伝したところで何の役にも立ちはしません。その足場は脆弱で、合意以前に、周囲からの予測を無視した自己設定にすぎない。キャラクターというのは、好むと好まざるとにかかわらず、必ず周囲の予測からはじまるんです。

キャラは周囲の予測から。自分がこうありたいって話ではない。先ほどから「周囲」って言葉をしつこく使っていますが、自分ひとりでいるときにキャラなんかありますか？　ないでしょう。**基本、誰かといるときにしか成立しないのがキャラクター**なんです。周囲が予測してくれない限りキャラはありえません。

じゃあそこで、あえて自分のキャラを獲得するにはどうしたらいいか。たったひとつです。くり返すことです。周囲の予測を掻き立てること。この子ってこんなキャラなんじゃないかって思われるくらいに、くり返し行為することです。

その手法が功を奏するか、裏切られるかはわかりません。そもそも他人の持つ印象をコントロールすることはできないので、もしそれが無理な努力に見えてしまったら、いくらくり返しても難しい。自然に、無理なく、少なくとも楽しそうにそれをくり返していなければ、まず人に伝わることはないし周囲からの予測も立たないと思います。

「食いしん坊キャラ」ならいつでもどこでも食べている、「力持ちキャラ」ならなんでもかんでも持ち上げて驚かれる、そんな行為をくり返すことが実際にできるのかどうか？そういう状態を意図的に演じ続けるのは、どうでしょう、ちょっとキツいですよね。それより好きなこと。好きはずっと好きで仕方がないから、嫌でもキャラクターになりますよね。そのほうがよくないですか？

ぼくは延々こうしてしゃべってますが、しゃべりたいからしゃべっているだけで、おしゃべりキャラの使命を果たすためにしゃべっているわけではない。キャラクターというのは、そうしてくり返しているうちにいつしか認識されるものなんです。

キャラクターの見つけ方

ここで話をもう一歩進めて、ふだんの生活、一般的な立場から、自分のキャラクターをどうやって見つけるかを考えてみましょう。

相手からのパスが届きやすくなるために、自分はどのような態度を戦略的にとるべきか。

プレースタイルの起点をどこに置いたらいいかという問題です。

そのような周囲からの予測が立ちやすくなる起点は、どこにあると思いますか？〈リアクション〉〈見た目〉〈表情〉〈趣味〉〈話し方〉〈知性〉、どうだろう、どれもちょっと難しいかな。はじめから相手の判断に依拠するものではなくて、誰しもがマナーのように持っていたほうがいいものです。

〈どこに属したいか〉うん、欲望は大切。〈自信のあること〉いや、その逆です。〈ツッコミどころ〉そう、ほぼ正解。自分のキャラクターを見つけるうえでいちばん重要なのは、欠点です。

コミュニケーションをとるうえで自分がどうしているといちばん心地いいか、相手から話を振られやすくなり、会話が弾み、周囲に認められるキャラクターになれるのか？　その本性を考えてみると**自分の欠点こそが最大の強み**なんです。

キャラクターは周囲の予測からはじまって、合意されてはじめて獲得できるものです。ただ、好きなことをくり返してキャラクターを獲得するのはあくまで他人の印象に依拠しているので、自分ひとりの力ではどうにもできません。

しかし、自分の欠点を晒け出すことは戦略的にならできるはずです。その意味では、これがほぼ唯一の自分でできるキャラクターの見つけ方、誤解を恐れずに言えばキャラのつくり方なんです。

キャラクターは自分の欠点からつくられる。弱点、コンプレックスです。これをして愚者戦略と言います。

べつにマスメディアでファンを相手にコミュニケーションをとろうとしているわけではないんですから、自分から「イジられキャラ」とか「天然キャラ」とか言わなくたって、一般的な立場でイジりやすければイジってくるし、天然ならそのように遇されるまでの話ですよね。ましてや「食いしん坊キャラ」「力持ちキャラ」「おしゃべりキャラ」なんて、ふだんの会話ならまず出てこないようなワーディングでしょう。

ですから、その人の本性にかかわるような個性とか持ち味という意味に立ち返って、キャラクターという概念を考えないと混乱することになるんです。いつもパスが回ってくるような自分のキャラをどう見つけるか、どうやってつくるか、それを戦略として考えたときに、自分の欠点を見つめ直してみようというお話です。

愚者戦略

本書の最重要ワード「愚者戦略」です。

欠点から自分のキャラを戦略的につくるというのは、ひとことで言えば、そこをツッコまれてOKにすることです。相手に自分の欠点をツッコまれたとき、ヘコんだり心が折れたりするんじゃなくて、喜こべなきゃいけない。コミュニケーション・ゲームをプレーするうえでは、弱点があったらラッキーなんです。

極端な話、ハゲチビデブの人、全部ラッキー。それをネタにされてOKの人になる。自分のコンプレックスをツッコまれてもウェルカムできる。そうして自分を低く設定しておくと話しかけられやすくなるんです。ボールがよく回ってくるようになるし、パスを出す足場もしっかりする。

自分で言うのもナンですが、ぼくは公私ともにオタクキャラで通っている人間です。それは性格的に、何かこれはってものがあるとなりふり構わずガーッと行ってしまう欠点がそうさせている。どう考えても尋常じゃありません。新入社員歓迎会の「イチ、ニー、サン、ダー!」です。黒歴史だらけだしそれを隠すどころか売り物にしてる。年がら年じゅうセール中、ブラック・ヒストリー・フォー・セールです(笑)。

そんなふうに、愚者戦略というのは文字どおり戦略であって、あえてそのような態度をとるという自覚の問題なんです。

欠点をツッコんで怒ったり泣いたりしそうな人に、それはできませんよね。周囲の予測から外れていたらただのイジメになってしまう。そうではなくて、**欠点をツッコんでOKにして、それがキャラクターとして合意されていたら、その人は確実に周囲を楽しくさせるんです。**愚者であることを戦略的に自覚していると、ツッコミが入ったらラッキーと思えるようになるんですね。

すごく尊敬している人生の先輩に「こいつバカだから」ってツッコまれたら、ちょっとうれしくないですか？　友だちでも、「あいかわらずバカだね」って言われていちいち怒りますかね。もしそこらへんが微妙だったら、愚者戦略をぜひ実践してみてください。人と話をするのがそれまでよりきっと楽になるはずです。

欠点を相手に賭ける

「自分のなかでいちばん認めたくないことは何ですか？」。ニッポン放送の長寿番組『テレホン人生相談』で、パーソナリティの加藤諦三先生がいつも問いかけるひとことです。先生と対談したときにお伺いしたところ、返ってきた答えは「認めるのは一時の苦、認めないのは一生の苦」というお言葉でした。

自分の欠点を認めて人に晒け出すのが難しいことは、よくわかります。欠点を自分のキャラクターとするにはかなり激しい葛藤があると思う。さっきから〈心が保たない〉ってコメントがたくさんきていますが、それはそうですよ、本当に。確かに最初のうちは心が折れるかもしれない。でも、その欠点を周囲の人たちが認めてくれて、パスコースの予測が立ちやすくなって、キャラクターとして獲得できたとしたら、相手だけでなく自分が豊かになれるんです。

これは個人的な経験としてお話しすることですが、ぼくはかつて、デブでした。デブの人は、デブの自分を認めたくない。それはイコール、周囲からツッコまれたくないコンプレックスなんです。でも逆に周囲からすると、それほどのことじゃなかったりもするんですよね。もしかしたら自分が気にしているだけなのかもしれない。コンプレックスのある人はそれをひとりで抱え込みすぎて、周囲からの目を敵対視している場合がすごく多いんですね。

そこはもっと、相手を信頼しませんか。欠点という有り金を、自分じゃなくて相手に賭けよう。〈硬い芯のある心もいいけど、しなって折れない心もいい〉って、いいこと言うなあ、竹の心。〈気の置けない友だちにイジられたのがよかった〉。これはしっかり自分のキャラを獲得できた人かな。そうですね、そんなところからはじめるのがいいとぼくも思う。

さらに言えば、**何が自分の欠点で愚者戦略の核になるか、事前にはわからない**ということです。それはどうしたって自分から滲み出てきてしまう個性であり持ち味なので、他人のほうがずっと敏感だし、周囲の予測が先に立つんです。自覚が先にあるのではない。他人の言葉が先。その機微に気づけるか、察知できるか、自覚はそのあとなんですね。

意識してくり返す行為より、無意識のうちにくり返されていることは、自分じゃわかりません。あたりまえですよね。周囲の予測が立った瞬間にそれを察知して、ああそんなことだったのかって簡単に認められる弱点やコンプレックスは結構あるものです。どうやらそうらしいという欠点に気がついて、自分の態度を決定できるかどうかが問題なんです。

自分で弱点やコンプレックスを抱いているだけではまったく意味がありません。どれだけ戦略的になっても、欠点を認めてくれる相手がいなければやはり意味がない。愚者戦略は承認と自覚、その両方が大事なんです。

たとえばぼくが「ゴボウ」と呼ばれて平気なのも、自分では色が黒くて細いことなんてべつになんとも思っていないからです。もしそこにコンプレックスを抱いてたら、好きなアイドルにそう言われてひどく傷ついたかもしれない。でもそのまま「ゴボウ」を通しているうちみんなが結構おもしろがってくれた。それで協力プレーができるんだったらこのまま行こうってくらいの話です。

視覚障碍を強みにする人

ひとつ例を挙げましょう。これはちょっとデリケートな話なんですけど、ぼくが大学の落研にいたとき、ふたつ上に全盲の方がいらっしゃって、その人がもう、いつもツッコまれ待ちで周囲をどう笑わせるかだけを考えているような先輩だったんですね。

他の人が高座へ上がるまえに「こんなの着て、似合ってんのかな？」って言ったとき、誰よりも早く「すごく似合うよ！」って返すんです。そこで全員が「見えてんのか！」ってツッコむ。先輩の言い方と場の雰囲気があいまって爆笑になるわけです。そのときに周囲が引いちゃったらシャレにならない。ツッコんでもらうために自分の弱点を前面に押し出してくるんです。

ホント清々しい先輩で、**目が見えないというとんでもない弱点を、笑いへ変える武器にしているん**ですね。そこまで来るのにどんなツラい経験を積んできたか、それは想像を絶しますよ。でもそこをあえてカッコに入れて、みんなが全力でツッコむ。先輩はそれを進んで受け入れて、そういうキャラでいることをむしろ楽しんで、周囲をすごく楽にしてくれたんです。

この先輩のすごいところは、そういう人に自分からなろうとして、実際になっていたことです。並大抵のことではありませんよね。

それとはべつの話なんですが、せっかくなのでもう一個。ある盲学校の先生にお会いしたとき「ぼくの会った視覚障碍者って、みんなおもしろくて、器が大きいというか人間として尊敬できる方ばかりなんですけど、そういう傾向を感じませんか？」って訊いたことがあるんです。そしたらやっぱり「感じます」と、「理由は簡単です」っておっしゃるんですね。なんでだと思いますか？

答え。「彼らは人を一〇〇パーセント信じているから」。どこかに連れて来られて「ここですよ」って言われたら、何がなんでも信じるしかないんだと。もう、おぉう！って思う。それが横断歩道の真ん中でも、間違った道筋でも、信じるしかない。

視覚障碍者のすごさに関しては本当に学ぶことが多くて、ぼくはその話を聞いてひとつ気がついた。それは、人がウソをつくときは口じゃなくて、目でついてるってことです。目と目で通じ合うみたいなロマンチックな話ではありません。きわめて現実的な話、視覚障碍者はウソをつくための基盤となる情報を手に入れられないんです。

どういうことか？　人はウソをつける場をしっかり目で確認しないと、ウソはつけません。たとえばいま、ぼくが何かウソをついたとしましょう。それができるのは、真実を知っている人がこの場にはいないっていう確証があるからです。視覚障碍者にはそれができない。真実を知っている人がその場にいる可能性をどうしても排除できないんです。

視覚が働いていることによって、視界が行き届いている限りにおいて、はじめて人間はウソをつける。人は口ではなく目でウソをつくというのは、そういうことです。視覚障碍者は人を一〇〇パーセント信じているがゆえにウソも陰口も叩けない。だからあんなに器が大きくて、尊敬できるんですね。

相手がどんな人でも一〇〇パーセント信じざるをえないというのは、ものすごい葛藤があるはずです。そんな人たちが街に出て来られないのは、本当によくないと思う。ぼくはこれ、常識とか道徳とか、そんな見地から言っているんじゃありません。相手を信頼する、自分の弱点という有り金を全部相手に賭ける、そうしてしか生きていけない人が現に存在する事実それ自体です。

もちろん、ぼくの言う愚者戦略をそこまで究極的に捉える必要はないのかもしれません。ただ、自分の欠点を晒け出すことにどうしても二の足を踏んでしまう人がいたら、この例を知っておくだけでも少しは勇気が湧いてくるんじゃないでしょうか。〈自分はなんて小さいんだろうって思う〉。小さくていいんです。そこからはじめましょう。人生に締切りはありません。

「ナニが悪いんスカ」

〈本物の弱点より、偽物の弱点を演じるほうが楽では?〉。うん、わかる。だから「○○キャラ」とか自分で言うんですよ。デフォルメしたキャラをアイドルが言いはじめる。でもそれが許されるのは、彼女らが演じ手だからです。演じるのが日々の仕事でなければ苦しくなるだけだとぼくは思う。だいたい演じられた弱点がみんなに合意されるかな。ウソがバレるだけじゃないですか? 弱点を偽っている人というのは、話をしていても響かないんです。

「自分のなかでいちばん認めたくないこと」というのは、そこをイジられたらネガティヴな方向に感情が走ってしまう、繊細な部分なんだと思います。他人に知られたくない欠点だったり、弱点やコンプレックス。でもそこに触れられたとき明るく返せるようになったら、目のまえの世界がパッと変わるんです。

自分の欠点をわざわざ強調してふるまう必要はないけど、もしそこをイジられても、それで周囲の人を楽にさせてるんだと思えば心は軽いでしょう。誰も残酷にその欠点を咎めてるわけじゃない。

ただ、周囲からの予測と本人の自覚に立ってイジるのでなければ、それは単なるイジメです。イジメを見ていて愉快な人はいませんよね。視覚障碍のある先輩に「見えてんのか！」ってツッコめるのは、すでにイジっていいキャラとして本人を含めた合意があるからです。**人にイジられてもそこでムッとしなければ、共感に基づく笑いが周囲に生まれる**んです。

若林さんにぼくがよくイジられるのは、メンドくさいキャラって合意があるからなんですが、それはそのように演じてるんじゃないんです。ホントにメンドくさいんです（笑）。自分でも思いますもん、こんなこと延々としゃべっててメンドくさくない人間であるわけがない。そこを若林さんにイジられればラッキーだし、シュンとせずに「ナニが悪いんスカ」って開き直っていればどんどんボールが集まってくるんです。

自分の認めたくない部分というのは、じつは、すごくかわいがっている自我なんです。イジられたらネガティヴな方向に感情が走ってしまう欠点、弱点、コンプレックスは自分で大事に保護してる自意識なので、ここは「ナニが悪いんスカ」と思って自分を少し、突き放してみましょう。実際にはすごく難しいことなんだけど、ナニガ・ワルインスカさんになろう（笑）。

愚者戦略とはそのための技術です。これは誰にでもできる。できない人はいません。

一〇〇メートルを一〇秒で走れって言ってるわけじゃない。自分を愚者として認めるだけでいいんです。気の持ちよう、自覚の問題なんですから、才能がないってことはありえません。

子ども最強

愚者の典型は子どもです。子どもはその意味で最高のキャラクターなんです。わざわざ「〇〇キャラ」なんて言うまえに、子どもであるだけでそれはもう立派なキャラ。そこにいるだけで場を明るくする最強プレーヤーなんですね。

基本的に気まずい場ってなんだろうと考えると、たとえば法事なんかそうですよね。そこにバカな子どもがひとりいるとすごく助かりませんか？　そこらへんを走り回ったり、泣いてる大人を見てキョトンとしてたり、「ビール呑ませて」とせがんでくるような子ども。子どもは空気なんて読まない。そういう子どもこそ無敵のコミュニケーターです。

じゃあ子どもの時分はできていたのに、なんで大人になるとできなくなるのかって話になりますよね。その本質は、大人になるにつれて周囲を意識するようになるからです。それも人に勝ちたいとか、人より秀れていたいとか、優位に立ちたいとか思うからコミュニケーションを通じて楽しさを味わえなくなっていくんです。勝ち組負け組、他人と比較、無益です。

子どもははじめから負けていることを気にしていないから、周囲を幸せにできるんですね。**対戦型も協力型もない、居ながらにして愚者**なんです。しかしぼくたちはもう子どもじゃない。立派な大人なんですから、あえて負けることができるはずです。相手より優位に立たない大人の作法を身につけて、対戦を避け協力することができる。愚者戦略によって非戦のコミュニケーションを実践できるんです。

自分を誰よりも下に置いて、進んで負けの立場をとっても、コミュニケーション・ゲームに負けることはありません。そこでバカにされたくないとか、イジられたら気分が悪いとか、カッコ悪いとか恥ずかしいとか、そう思うから負けるんです。そんな誰も喰わないような虚栄心をあらためて見つめ直してみると、むしろ相手からバカにされてたほうが楽じゃないですか？　ゲームの敵は相手でも自分でもなく、気まずさなんですから。

子どもなら戦略なしに、はじめから愚者でいられる。でも大人はわざわざその地点まで行かなくてはなりません。人によってはイバラの道かもしれないし、ひどい痛みや葛藤を乗り越えなくてはならないかもしれない。バカにされて泣く子どもではなく、戦略を駆使してあえて愚者になる、バカにされて笑っていられるのが真の大人なんだとぼくは思います。

なんだか偉そうに言っちゃいましたが、どうでしょう、周囲を見渡してすごい大人だなって思える人は、必ずどこかに子どもっぽい部分を持っていませんか？　そうでしょう。かつて番組をご一緒させていただいたタモリさん、テリー伊藤さん、西川貴教さん、みんなそうです。

逆説的に言えば、なぜすごい大人だなって思えるかというと、その人といると楽しいからです。話していると楽になるからです。はじめから愚者である子どもはコミュニケーションの作法なんて一切わきまえちゃいません。でも一緒に話をしていて楽になれる大人というのは、コミュニケーションの作法をしっかりわきまえた戦略的な子どもなんです。

9 コミュニケーション・ゲームの反則行為

ウソ禁止

さて、もうここまで来れば、コミュニケーション・ゲームの概要はおわかりいただけたかと思います。コミュニケーションをとおして快を得るゲームプランは、さまざまなテクニックによって可能になる。ただ、それらを踏まえて話をしていても、一発退場になってしまうような危険なプレーがあることを忘れてはいけません。

会話においてやってはいけないこと、やってしまうと快を得られなくなってしまう反則行為ですね。それは協力プレーである以上、相手だけでなく自分も傷つく結果になるのでどうしても気をつけたい。でもこれから申し上げることは結構あたりまえです。

① ウソ禁止

② 自慢はご法度

③ 相手の言うことを否定しない

ね、なんだそんなことかって思うでしょう。「いちいちそんなこと言われなくたって、子どものころから言われ続けてるよ」ってなる。でもぼくが言いたいのは、そんな倫理的な側面をあらためようというわけじゃないんです。**倫理ではなく、あくまでコミュニケーションの技術として、その三つはNG**ですよってお話です。

まえに一を一〇に盛って話すのはいいけど、〇《ゼロ》なのに一にするのはイカンと思うって話をしましたね。そう「増幅は可、捏造は不可」です。その本質は、倫理的に可か不可かではなく、コミュニケーションを楽しく継続させるための技術的な問題でした。

おいしくもないものを食べて「おいしいですね」ってウソをつくと、それは捏造ですからどうしてもどこかで話が詰まる。でも、おいしいものを食べて「天地がひっくり返るくらいの美味！」って大げさに言っても、それはホントから出発している増幅ですから、たとえ笑われても悪い感情を持たれることはないし話は繋がっていく。

どうしてこんなことが起こるかというと、とくにドリブルする場合、しゃべるのは自分の気持ちを言葉でスケッチする行為だからです。言葉がなくなったり詰まったりすることはあっても、気持ちは決して詰まらないんです。

気持ちは常に動いているし揺れているので、詰まることはない。相手の話を聞いてさえいれば、どんなにささやかでも感想がないなんてことはありません。しゃべるということは、その心象風景を言葉でなぞり、記憶を言葉でなぞり、湧き出る感情を言葉でなぞり、見えたり聞こえたりしたものを言葉でなぞり、といったように、広い意味ですべては外から自分にもたらされた気持ちのスケッチなんです。

ですから自分の気持ちにないものをしゃべろうとしても、その言葉はいつか破綻するわけですね。増幅はどこまでいってもスケッチ可能な事実に基づいているので破綻することがない。

たとえば富士山をスケッチするとき、本当はもっと横長になだらかなラインを持っているのに、どんな名作でも縦長の傾向があって、山脈のない日本一の独立峰として描かれています。それは幾多の画家が見たホントの姿だし、誰が見ても富士山だとわかる。誰もそれをウソとは思わない。たとえ写真のような実像から離れていても、画家の気持ちのなかではどんな写真よりも実像に近い富士山です。

コミュニケーションも同じ、ホントがカケラでもあれば、それは話を続けることができる。しかし全部がウソだったら、ふつう話はそうそう続かないんです。

●ウソではない実例

先日、声優の野沢雅子さんとお会いする機会がありました。たいへんなキャリアをお持ちのベテランでいらっしゃいます。そのお話がものすごくおもしろくて、ウソについて考えるうえで非常に示唆に富んでいたので、ウソだったらまず出てこないコミュニケーションの実例としてご紹介させていただこうと思います。

野沢さんは一九七七年に『あらいぐまラスカル』の声をやってるんですが、その役をつくるにあたって動物園へ一〇日くらい、連続で本物のアライグマを観察に行ったそうなんです。でも、「アライグマって、ちょいちょい物は洗うんだけど、鳴かないの」って、困っちゃったらしいんですね（笑）。じゃあどうやってラスカルの声を創作したんだろう。

そしたらなんと、家へ帰ってテレビを見ていたら「そこにアライグマが出てきたの！」って言うんですよ。「アライグマが画面の左のほうからちょこちょこって歩いてきて、一瞬そこで『ンエッ！』って鳴いて、これだーって思ったの」（笑）。

それで野沢さんは、その「ンエッ！」ってところをラスカルの役柄に当てはめていったという、アニメファンにはたまんない話だったんです。そのころはユーチューブなんてないから、声優さんってそんなふうにして役をつくり込んでいたんですね。

ウソを考えるうえでこの実例のどこがすごいのか？　じつはいまの話のなかに、ぼくはそのキーとなる部分を潜ませておきました。どうでしょう、気づきましたか？　野沢さんのこのお話が決定的にホントである証拠。

野沢さん、「アライグマが画面の左のほうからちょこちょこって歩いてきて」っておっしゃったんです。そうです、これ、**もしウソだったら絶対に言えない事実**なんです。

もちろんはじめから野沢さんがウソなんてつかない人だとは思っています。ぼくが言いたいのはそうした倫理にかかわることじゃなくて、この話がウソではない証明がどこにあったかという技術についてです。

この実例を一般化すれば、「テレビで見たんですよ」程度のウソは誰でもつけるだろうと思う。でも、「画面の左のほうから」っていうディテールはさすがに無理でしょう。もし「そのときアライグマの他にはどんな動物が出てきましたか？」ってお伺いしたら、ホントのことだからその答えは返ってきたはずです。

ウソをついていないから、記憶がある限り全部しゃべれるんですね。「食事をしながら見てたんですか？」とか「誰かと一緒でしたか？」とか、テレビ以外の状況を含めればディテールはキリがないので、もしウソの話だったら質問の先にいつか矛盾が生じてしまうんです。しかも、しゃべるそばからディテールを創作し続けなくてはならない。さらにそのウソのディテールを全部憶えて、矛盾のないように、破綻しないように、話全体を構成しなくてはならない。

ふつうそんなこと、できませんよね。できたらそれは超人的な技です。だからウソ禁止なんです。ウソがバレた瞬間にゲーム終了。相手も自分もバツが悪くなって気まずさにまみれるだけです。

ファクトを偽ってはいけない

この実例の本質は、**事実であればディテールの拡大縮小ができるけど、ウソだとそれができない**ということです。コミュニケーションでウソを成立させようとしたら、相手のディテールもかなり知っておかなければなりません。これもまあ、実例と言っていいかもしれないお話です。

ここにテレクラの達人がいらっしゃいます。どうしても素人さんを引っかけたい。でも、テレクラはお客さんとの会話を長引かせれば長引かせるだけ、多くお金をもらえるシステムなので、サクラの女の子もたくさんいます。そうなると駆け引きがはじまって、達人が

「ふだんどんなお仕事してるの？」って訊いたときに、女の子から「看護師」って答えがきたらすかさず、「そう。で、准看それとも正看？」って返すといい。っていう交渉術（笑）。

看護師には正看護師と准看護師の区別があって、ディテールを拡大して「ジュンカン」「セイカン」っていう略した音だけで訊くと、サクラの女の子は大概「うっ」ってなる。この話はテレクラにおけるサクラの見分け方テクニックではあるんですが、まさにコミュニケーションの本質を突いていると思う。事実《ファクト》を偽ると、それについて相手が自分より詳しい人だった場合アウトなんです。ウソはディテールの拡大縮小ができないからですね。

ウソをついたとたんに、そこが相手の得意分野だったらもうその段階でゲームにならない。レッドカード、一発退場です。これは愚者戦略にも通じていて、自分を相手より下に置いておかないと、得意になって話した内容がじつは全部お見通しだったみたいなこともめずらしくないんですね。

ウソをついちゃいけないのはこのようにテクニカルな理由があるからです。自分が後ろめたくなるし、会話が破綻したときの影響が致命的、気持ちの動きも鈍くなります。それまでのコミュニケーションの実りが一気に枯れるんですね。

最初は小さなウソでも、それにしがみついているうちディテールがどんどん重なって、いつのまにか後戻りが利かなくなる。だったら最初からどんなに小さなウソもつかないほうが得策ですよね。

そこはちょっと考えて、喩え話にするとか仮の話にするとか、話の切り口を変えるくらいの機転を働かせましょう。正面から切ってしまったら自分が萎むような話でも、べつの角度からなら喜劇になるってことはいくらでもあると思う。これも愚者戦略のテクニックですね。切り口を変えるのはウソをついたことにはなりません。事実を曲げることがウソに繋がるんです。

黙秘権を行使する

じゃあここで、仮に、ウソをつかなければならないときのことを考えてみましょう。

たとえばラジオ局では、四月と一〇月に番組の編成が変わります。パーソナリティやスポンサーやさまざまなラインナップが更新されて、全体の番組表が改編される。それがどう変わるのか、ぼくは自分の番組のことならわかっています。だけどまだ完全には決定じゃないから外部にそれを漏らすわけにはいかない。そのときに、「今度の番組では誰がアシスタントになるんですか？」って人に訊かれた場合、どうするか。

ぼくは誰が新しいアシスタントとして迎えられるのか知ってる。そこで「知らないんですよ」って言うのはウソです。ファクトを偽ったことになりますよね。でも「まだ言えないんですよ」って答えるのは問題ないでしょう。いわば黙秘権を行使するんです。

ウソをついてまでその質問に答えなければならないのなら、ちょっと立ち止まって、それには答えられないという黙秘権のテクニックを使うんです。

これ、子どものころからずっと不思議に思っていたんですが、なぜ取り調べのときいちいち黙秘権があることを宣告するのか、よくわからなかったんです。でも、この「ウソ禁止」のテーマをずっと考えていてようやく腑に落ちた。被疑者に**「あなたには黙秘権がある」と宣告するのは、裏を返せば、最初に「あなたにはウソをつく権利はない」って足枷を嵌めること**なんです。ウソをつくなら黙秘せよっていう認証なんですね。

黙秘することが権利として認められていないと、被疑者が何も言わないうちにいくらでも恣意的な解釈が許されて、勝手な刑罰がまかり通ってしまう。「言わないのはおまえが悪い、だから罰する」という拷問が許されてしまいますよね。「いや、言わないのはウソをつく権利がないからで、言ったらウソになるからです」とは言えない。

ということは、黙秘せずに自白されたことは全部ホントのはずなんだけど、それを信じないで相手の正当性を認めようとしないから問題になるんです。ウソをつくなら黙秘せよって宣告しておきながら、話された事柄をウソだと思ってかかる。自白強要、密室の取り調べ、冤罪の温床、すべてこの構造。

なんだか話が重くなってしまいましたが、こうして黙秘権の構造を噛み砕いてみると「ウソ禁止」の本質がサッパリしませんか？

ふだんのコミュニケーションにおいても同様、ウソをつくぐらいだったら黙秘権を行使する。ウソをつかなければならないシチュエーションに陥ったときは、黙秘権があります。ウソをつくなら黙ってりゃいいんです。方便としてウソをつくよりずっと楽なテクニックだと思います。

自慢はご法度

ふたつめのNG「自慢は御法度」です。ウソは一発退場のレッドカードですが、自慢は厳しい審判ならイエローカードを出すかもしれない。退場にはならないけど、じんわり会話のボールが回ってこなくなるというお話です。

これはやっぱり、誰でも自分の話はしたいんです。相手に気持ちよく話をさせるとは言いつつ自分も話したい、表裏一体です。なぜ相手にしゃべらせるとコミュニケーションが楽にいくかというと、もとを正せば相手が自分の話をしたいからですよね。同時に、自分にも話したい気持ちがあるのは否定できないし、会話が弾めばそうしたくなるものです。

この放送だって延々自分の話をしているわけで、だから楽しいとも言えるんですが、同じ理由で「自慢」の話をするのはすごく難しいんです。ややもするとこの話自体がぼくの自慢みたいになっちゃう恐れがあるから。なのでここでは、自慢はご法度ということだけ憶えておいてください。

なぜ自慢はご法度なのか？　これも自慢している人を見ると恥ずかしいとか、カッコ悪いとか、そういうモラルに関する問題ではありません。あくまでコミュニケーションの技術として、自慢があると**その人の解釈が固定されてしまう**からです。パスコースが非常に狭くなって、フィールド全体も貧困になっていくんですね。

たとえばよく、ある有名人と知り合いなんだって人、いるでしょう。それが「どうだ、すごいだろ！」って自慢になると、有名人と知り合いである自分をそのように解釈しろというメッセージになって、キャラクターを押しつけてしまうんです。最悪なのは、もし同じ場にその有名人ととても仲の良い人がいたら、「うわぁ、この人いま一目置かれたいんだ」っていう解釈が加わって尊敬できなくなってしまう。

すでに愚者戦略を知っているみんなならもうわかってると思いますけど、上には上がいることを忘れて自慢されると、〈尊敬する - 尊敬される〉というコミュニケーション・ゲームの勝利条件がその可能性ごとなくなってしまうんですね。

自慢はどこかに、「おれのことをすごいと思え」って命令形が混ざっているんです。会話は命令形じゃ伝わりません。相手が自由に反応したり解釈したりする余地があるかどうか、そういうやりとりがコミュニケーションの協力プレーを可能にするんです。

ところでいま、なぜそんなことが言えるのか？　ぼくもしちゃうからです（笑）。思わずしちゃう。でもしたくないですよね、自慢は。気をつけましょう。

そういうときは人間、みんな鋭い。いくらさりげなく自慢しても見抜いてるでしょう。そこらへんは本当に鋭い。心では「うわぁ」と思っていながら、口では「ふ〜ん」みたいな（笑）。やっぱり自戒と反省を込めて、「自分の解釈を押しつけてはいけない」の原則に立ち返りたいものです。

相手の言うことを否定しない

三つめのNG「相手の言うことを否定しない」です。

協力プレーで相手の言うことを否定するのは、即、自分のほうが正しいという解釈を押しつけることになりますね。それを言ってしまった瞬間に、話されている内容自体が楽しいものではなくなってしまう。もし〈教える－教えられる〉の勝利条件を踏まえていなければ、相手の言うことを否定してもコミュニケーションの実りは遠ざかるだけなので、黙秘権でクリアしたほうがいいと思います。

「それは違う」っていう否定を生理的なレベルで言えば、「それは嫌い」になります。たとえば野菜の話をしていて、誰かが「でもニンジン嫌い」って言ったら感じ悪くないですか。そこにニンジンを好きな人がいるかもしれないし、料理の仕方によってはニンジンを好きになるかもしれない。会話に否定の反応がひとつ入るとゲームの流れがとたんに悪くなるんです。パスコースが限定されて、自由な解釈の可能性を一気に踏みにじってしまう。

ですから**相手の言っていることに異議が生じたときは、否定するのではなくて黙秘する、勢い黙秘権を行使できなかったら申し訳なさそうに答える。**「相手の言うことを否定しない」を実行する具体的なテクニックです。

「申し訳ないですけど、ちょっと苦手なんですよ」って愚者戦略を日ごろからとっておくと、自分が低くいる時点で意見を変更できます。「さっきあんなこと言ってたけど、やっぱちょっといい人だったんだな」とか「ああ、さっきは傷つけないようにそう言ってたんだな」とか、少なくとも真意は伝わりますよね。そんなふうに大人の対応をとれるのはとてもいいことだとぼくは思います。

もちろん、楽しく会話が弾んでいるとき「そうじゃないよ」って反応はよくあることです。会話の流れのなかに組み込まれている否定はコミュニケーションのスパイスみたいなもので、誰にも迷惑はかからないし想定できる。

自分は大の巨人ファンなんだけれども、その場に誰かアンチ巨人がいて、現に話が転がっているとき何か迷惑を蒙りますかって話です。冷静に考えてみて、相手が巨人を嫌いでもべつに構わない。主役は巨人じゃなく協力プレーなんですから、楽しく会話が弾んでいる限り否定は気にならないはずです。

ただ、ときに「だから最悪でしょ? 巨人」みたいなダイレクトパスがくる場合がある。そこで「うん」と答えるのは、大の巨人ファンとして口が腐りますよね。そういうときは「もうその話はわかったよ」って、相手を否定することなく黙秘する。そのテンションと真意は、楽しく会話をしていれば相手に伝わるものです。

「嫌い」「違う」は口にしない

話をしていて相手の地雷を踏んでしまう人、いますよね。それをよく観察してみると、ほとんどが相手の言うことを否定したとき地雷が爆発してるんです。心当たりのある人はふだんの会話から、「嫌い」「違う」の単語だけ外すように心懸けてみてください。

たぶん地雷を踏みやすい人というのは、常に話の本質を突こうとしているからなんですね。相手が怒る地雷がどのへんにあるのか、じつはなんとなくわかっているんです。でも本質が見えているから、どうしてもそこを避けて通ることができない。とはいえ相手を怒らせるつもりもない。つまり生理的な問題なんです。

嫌いとか違うっていう感情は生理なので、まずどうしても生まれてしまいます。自分でも止められない。そこで自分の感情に従って「嫌い」「違う」を口にして相手を怒らせてしまう。じつにイノセントで素朴な反応だと思います。

でもよく考えてみると、それは自分のほうが正しいっていう意味論争ですよね。相手に「ああそうなんだ」って思ってもらえるのが目的だとすれば、その内容を噛み砕いて話せばいいだけで、「嫌い」「違う」はべつになくてもよくないですか？

人間というのはまず最初の言葉に反応してしまう生き物なので、断定ワードさえ封印すれば、あとに続く「それはこういうことだよ」という本論がより相手に伝わりやすくなるはずです。こういう解釈もあるよねって相手に投げるのは押しつけではありません。「それとはべつにこんな解釈もあると思うんだけど、どう？」っていう提案です。

そうして自分の意見を解きほぐす方向へもっていったほうが、結果的に理解が深まります。相手の力を借りて自分の考えを磨くことだってできるかもしれない。それを最初に「嫌い」「違う」って言ってしまうとどうしても議論になって、結果的に自分が間違っていてもあとで言い訳が利かなくなる。意見を容易に撤回できなくなるんです。

地雷を踏まないテクニック

ただ、ある対象について悪口を言い合っていると、場が盛り上がることもありますよね。共通の敵をつくると熱狂が生まれる。それは内々でやっているぶんにはいいんですが、一歩引いて外から見ればそこは地雷原なので、会話の流れをよく観察しておく必要があります。会話の流れが見えてくるようになると地雷を踏まなくなるんです。

ぼくはいま、仕事上の事情もあって滅多に地雷は踏みません。地雷の一歩手前でこれはマズいぞってわかる。それは会話の流れをモニタリングして、盤面解説までできるようになったメリットかもしれない。じつは地雷を踏みそうになったとき、寸止めする技術があるんです。

これは人間の意識と身体にかかわる問題なんですが、たとえば目のまえのコップを手に取るときに、ふつうは「コップを手に取ろう」と思った意識が身体に信号を送って、「コップを手に取った」という行為になると思われていますよね。ところが脳の反応を詳細に調べてみると、おもしろいことに身体のほうが先に動くって決めてしまうらしい。身体が動くって決めてコップを取ったあとで、「コップを手に取ろう」という意識を幻想としてつくり上げている。その意味では、意識は身体の奴隷であるって言い方もできるわけですね。

それでも一個だけ、意識にできることがあると言うんですよ。それは身体に一瞬ストップをかける能力なんだそうです。何かアクションを起こそうとしたときに、僅差で「やっぱやめとけ！」って寸止めを、意識は身体に働きかけることができる。そこだけ意識のほうが身体よりプライオリティが高いらしいんですね。

身体が動くって決めて、行動へ移すまでのわずかなタイムラグに、意識が介入してくる。その意識の機能はたった一個だけ、行動にストップをかけること。すごくないですか？最悪、死に至るかもしれない行為を、寸前で中止することだけは意識ができる。**何かを言おうとして「いや、やめとこう」と、意識は現に身体を止めることができる**んです。

その機能を知っておくと、地雷は踏まずにすみます。ぼくだっていちいち頭のなかで文章をつくってしゃべっているわけではなく、状況に応じて内容を揉みながらやってるんですが、いつでもストップはかけられます。「嫌い」「違う」を口にしないと決めたら、それを言いそうになったとき自分で「うっ」って思うはず。そこでやめる。同様に「あっ、なんか自慢になりそう」って思ったら止められるんです。それは誰でもできることなんですね。

なるほど、〈止まるかもしれないけど、ストレスも溜まる〉。それはしょうがない。肝心なところで止める習慣をつけるためには、やっぱり練習です。ぼくもここまでいろんな人を怒らせてきてるんです。はじめて番組を担当した翌日に批判スレッドが立って叩かれまくってた人ですからね（笑）。そりゃいろいろ考えさせられたし、だから練習するしかなかったんです。

まとめ　コミュニケーションは徹頭徹尾、人のために

●相手のためにしゃべろう

ここまでお話ししてきてつくづく感じたんですが、結局、人のためにしゃべるということがコミュニケーションの核なんですね。自分がどう思うかで話を進めるのではなく、相手の側から話を進めてもらう。相手に気持ちよくしゃべってもらうには、自分はどうしたらいいか、そこだけを考えてきたような気がします。

会話の基本は、徹頭徹尾、人のためです。そうしていると相手からも話を訊かれるようになって、自分も楽しくしゃべれるようになる。一見、ものすごく簡単なことのように聞こえますよね。だからこそ、人はコミュニケーションについてあまり深く考えようとはしないんじゃないでしょうか。たとえば「ウソ禁止」なんて子どものころから言われ続けて

いるから、もうお題目になっていて考える必要はないと思ってる。でも、そうじゃないんです。

身のまわりにありすぎるものというのは、じつは改善が必要でもその欠落自体に気づかないんです。コミュニケーションの不調で悩んでいる人はすごく多いはずなんですが、灯台もと暗しで、どこをどう改善したらいいのかフォーカスできないから誰も改善しようとしない。しかし、いくらでも改善のしようはあるんです。

これはぼくの好きな話なんですけど、缶詰ができてから缶切りが発明されるまで、数十年の間が空いてるんです。当時の缶詰には、場合によって「マサカリで開けてください」とか「銃で開けてください」とか書いてあって、実際そのように開けていた。その時代マサカリは日用品だし、それで缶詰は確実に開く。ずいぶん手間がかかるなっていう意識自体がないから、どんなに効率が悪くてもヘンだとは誰も思わなかったんですね。

ところが数十年後に缶切りが発明されてみると、そのほうがずっと楽だってことになる。でも、缶切りを手にするまで、缶詰を開けるのにマサカリ使ってる場合じゃないっていうふうにはなかなか思えなかったんです。ぼくはこれと同じようなことがコミュニケーションにも言えると思うんですね。コミュニケーションを開ける缶切りが手許にないので、非効率なまま手間をかけて、マサカリを使ってるみたいなところがあるんじゃないか。**身近**

でいつもふつうにおこなわれていることというのは、意識しづらいんです。

でもこの放送を見に集まってくれる人たちは、もう気づいてるんだと思います。コミュニケーションをなんとかしたい。その意識は人一倍ある。でも缶切りがない。どうしたらいい？　ぼくはそこに応えてきたつもりですが、その意識を持っていれば、いつか少しでもコミュ障が改善されたとき、人がうらやむくらいのコミュニケーターになれると思う。コミュニケーションに敏感であることは、それだけ可能性が高い裏付けだとぼくは思います。

●人はそんなに厳しくないよ

コミュニケーションをとるたびにツラくなる。自分が嫌になる。コミュ障なら何度も経験する、胸をかきむしりたくなるような感情です。でも、憶えていますか？　自分でコミュニケーションがうまいと思っている人は六・二パーセントしかいない。ほとんどの人がコミュニケーションに悩みを抱えているわけです。そうであれば、そもそもコミュニケーションは楽しいってところに何度も戻って行くしかありません。

コミュニケーションは楽しい。そうでなければ、この世の九三・八パーセントの人たちはツライまま暗く沈んでいくしかない。それじゃダメなのは明白でしょう。コミュ障になってしまうのは、相手を尊重しようとする気持ちが強いから、自分で悩みを抱えることになるんです。敬意とは相手のことをすばらしいと思う気持ちであり、自分が否定されるだけではなく相手を傷つけるのも怖い、そういう精神のあり方です。

しかし、自分は敬意を持たれる対象なんかじゃないって思っている人が、実際にはとても多い。ぼくはそこを「そんなことないよ」って、話しかけたいんです。みんな、まわりの人のことを厳しいと思いすぎ。そんなこと全然ありません！ **自分にとってマイナスだなって思うことが、相手の迷惑になるとは限らない**んです。

ぼくは自分がふつうの精神の持ち主じゃないって、ずっと思っていました。心のいびつさやゆがみをずっと感じていた。でも、いつしか、曲りなりにもコミュニケーションがとれるようになって、そのいびつさやゆがみは自分の武器であり個性なんだって思えた。

そうです、心のいびつさやゆがみこそが、その人らしい味になるんです。それが毒になって迷惑がかかるって自分でわかっているのなら、黙って人の話を聞く時間を増やせばいいだけです。何度も言うとおり練習なんです。それも感覚的なことではなく、技術の練習。場数を踏んで実践してみることです。

子どものころからツマラナイ人はいません。子どもはみんな、おもしろい。会ってるだけで笑顔になるし、見てるだけで笑える。取り戻せばいいんです。大人の作法を身につけつつ、子どもだったころの自分を取り戻す。そのために場数を踏んで実践するのは、もう一歩の勇気なんです。

ガンバレ、私のなかの勇気

人に「勇気を出せ」って言っても、ふつうは出ないですよね。命令形で人は動かないし、どうやったら勇気を出せるの、ってなる。ずっとコミュニケーションの技術について話してきて、練習しましょうと言って、最後に「勇気を出せ」、ふざけるなって話です。

だからぼくは決して「勇気を出せ」とは申しません。そうではなくて、やろうと思えば練習はできるわけですから、そのうちに小さな楽しさや気持ちよさを発見して、少しずつでも勇気が湧いてきたらいいなって思う。人と会話をしてみる勇気が湧くのは、明日かもしれないし一〇年後かもしれない。未来は人それぞれ、まだらにやって来るものです。でもやっぱり早いほうがいいですよね。

〈ガンバレ、私のなかの勇気〉。すばらしい、そのとおりだ！　もし勇気が湧いてきたら自分をホメよう。自分をホメ倒して、先へ進もう。そのうち自然に勇気が湧いてきたらいいなって思います。

なぜ、この人と話をすると楽になるのか。みんながそういう「この人」になってほしい。真剣にそう思っています。それをぼくなりにあらためて考えてみると、**自分を許した人こそが「この人」になれる**。そう思うんですね。

これまで「テンションを合わせる」とか「相手に興味を持つ」とか、いろんなテクニックを挙げてきましたが、それが実践できるとコミュニケーションをとっていて楽になれる、すべてはそこに通ずる話だったわけです。それをひとことでまとめると自分を許すこと、それこそが、コミュニケーションをとっていて楽になれる人の条件のような気がします。

許すという言葉自体、そもそも許し難いものにしか使われないんです。許すも許さないもないだろうって物事に対して許すという言葉は使わない。「自分を許す」とは、許し難い自分を見出して解放することなんですね。

はじめから「自分を許すって、意味がわかりません」という人には、ここまでの話全部が必要ないんだと思います。自分を許せるか否かなんていう問いを立ててしまうこと自体、非常にメンドくさい。でもぼくは、ここまで話してきたようなことを毎日考えて、手順を踏んできた。それは、自分を許すための手順だったような気が、いま、するんですね。

自分を許そう

何でもいいです、「ウソ禁止」って、ウソをつかないまっすぐな人と話をしていると楽になる。「沈黙していられる関係」って、沈黙を共有できる友だちと話をしていると楽になる。すべては快楽に通ずるテクニックなんですが、実際にやってみないことにはわからないし、自分の許し難い部分は見出せません。ただ、自分の許し難い部分というのは、ある程度まで実践を重ねていくと、これはムリ芸だったなって吹っ切れるときがくるんです。

たとえば「罪は償え」と言う。それはそのとおりです。でも罪人が刑期を終えて出て来れば、そこからはもうイーブンだとぼくは思う。**もしうまくしゃべれない自分を許せないとするなら、それは罪状だけが剥き出しになっていて、許す手順を踏んでいないんです。**

ぼくはこれまで、コミュニケーションがうまくとれずにひどい目に遭ってきたし、人にもたいへんな迷惑をかけてきました。落ち込んでは考え、考えては落ち込みをずっとくり返してきて、もう禊ぎはすんだかなって思えたからこの放送をはじめることができた。そうじゃなければコミュニケーションはゲームだって言って、人を納得させることなんてできません。

ですからもし、ここまでの話に少しでも納得していただける部分があったとしたら、そのぶんだけ、ぼくは自分を許せたのかなって思います。誰か、ぼくと話をしていて楽になれたのなら、そのぶんだけ、自分を許せているんだなって思う。

自分を許そうと思うことが、命令形ではなく、もうさすがにいいんじゃないかってところまでやり尽くしたかどうか、正直、自分ではわかりません。ただ、そんな大げさなことじゃなくても、自然に勇気が湧いてきて楽しくしゃべることができたら、少なくともその日は自分を許せていたんじゃないか。その積み重ねだったような気もするし、これからもきっとそうだと思います。

コミュニケーションをとっていて楽になる人というのは、きっと、自分を許すことができた人です。自分で自分を許せない、何度も修羅場を経験して、いつか自分を許して、解き放した状態になれた人。そういう人は話をしていて、とっても楽です。

逆上がりとコミュニケーション欲求

そろそろぼくの話も終わりです。十分話したような気もするし、まだまだ話し足りないような気もします。でも、自分を許すのに、やるだけやって諦めるのと何もせずに諦めるのとでは全然違う。そのことだけはきちんと申し上げておきたいと思います。

小学生のころ、逆上がりの練習をしたことがありますか？　最初は難しいですよね、逆上がり。膝より上が鉄棒を越えていかない。空が見えて、一瞬ののち、地面に視線が落ちる。友だちは続々と成功させ得意になっているのに、自分はできない。悔しい。

そこで、先生やクラスメートが補助してくれる。ふくらはぎを持ち上げてもらって、腕に力を籠める。お腹に鉄棒を思い切り押し当てる。次の瞬間、空が一回転する。自分でも何が起きたかよくわからない。ぐるりと身体が回転したみたい。両足が地面についたとき、ようやく自分は逆上がりをしたらしいとわかる。

今度は自分でやってみよう。何度か失敗する。空が振り子のように地面に戻ってしまう。思い切り地面を蹴って足を振り上げる。下腹に鉄棒が当たる。痛みが走る。失敗する。続ける。失敗する。でも、あの「ぐるり」の感覚はすでに身体にある。そうして何度も腕に力を籠め、自分を宙に放り投げる。

ぐるり！

軽いめまいがする。幻のような、ウソのような、これが逆上がりなのか、と思う。手伝ってくれた友だちの笑顔がある。もう一度、試してみる。というより身体が勝手に反応する。

ぐるり!!

お腹に鉄棒が当たる痛みがない。空が回転して、またぼくは、鉄棒を握りしめたまま、もとの位置に立っている。手のひらが焼けるように赤く、熱い。逆上がりができた！　どうでしょう、そのとき、目のまえの風景が変わっていることに気づきませんでしたか。

そんな感じですよね、逆上がり。**逆上がりは、何度もやってみないことにはできるようになりません。しかし、一回できたら、もう絶対にできる。**

ぼくはコミュニケーションという逆上がりができるようになる方法を、いくつか用意してきたつもりです。みんながみんな同じパターンでできるようになるとは思わないけど、わからなかったら、できる人に手伝ってもらいましょう。そこで一歩だけ、勇気を出して、相手に話しかけられたらすばらしいと思います。逆上がりを志すハングリーさが消えたら、そのあとにはきっと楽しさが残るはずです。

ぼくがこの放送をやって勇気づけられたのは、〈意識して試してみたら、ちょっと変わりはじめました〉ってコメントがいくつかあったことです。「コミュニケーションはゲームだ」と言ったときに、それは何か特別な意味を会話に付与したいのではなくて、コミュニケーションの目的はそれ自体がコミュニケーションだということを、実践可能なものとして技術的に翻訳したにすぎないんです。

人間には、食欲・性欲・睡眠欲と、生きていくための基本欲求がありますね。それらについては誰も「なんで？」とは問わない。「なんで、女の子が好きなの？」「いや、そんなこと訊かれても」ってなる。でも、コミュニケーションに関しては、「なんでそんなにおしゃべりが好きなの？」みたいな問いかけをされることがよくあるんです。でもね、ぼくは、**コミュニケーション欲求というのは、食欲・性欲・睡眠欲と同じレベルの、人間が持つ基本欲求**だと思っています。

コミュニケーションの目的は、コミュニケーションである。それに「なんで？」はありません。そんな問いが為される限り、まだまだこの世にはコミュニケーションが足りてないんだなと思う。どうか実りの多いコミュニケーションを、もっともっと、みんながとれるようになったらいい。心よりそう希っています。

この放送は毎回、夜の一〇時にはじまって、夜中すぎ、二時近くまでかかったこともありました。多くの人たちが放送を見てくださり、たくさんのコメントをいただきました。なのでここでも、最後は同じ言葉で締め括りたいと思います。

夜遅くまでみんな、ありがとうございました。おやすみなさい。

あとがき

おはようございます、吉田尚記です。ここはしゃべっていません、書いてます。

この本は、本業のトークラジオのように、基本、楽しんでもらうことを常に考えてつくってきました。コミュニケーションそのもの、会話自体は身のまわりにあたりまえにあるので、一般的に大したことはないと思われているかもしれません。でも、それをきちんと技術として見れば、いろんな発見や驚きがあります。小難しい理論ではなく一種のエンターテイメントとして、「コミュニケーションにはそもそもすごい価値があるんだ!」「会話にはこんな使い方があるんだ!」と、楽しんでいただけたらうれしいです。

いまあらためて、本をつくることは、つくづくコミュニケーション中のコミュニケーションなんだなと思います。コミュニケーションについて、気がついたら二〇年考え続けていた事柄を話し、それを編集者の久米泰弘さんが構成してくださいました。この作業に臨めたのは、まさにコミュニケーションが楽しかったから。コミュニケーションはゲーム。私自身、まるでゲームを何百時間もやっているような気持ちでした。

その相手になってくれたのが、八回にわたって放送したニコ生の来場者たちです。話された言葉を一冊の本として残すとき、それは筆者の努力よりも、言葉を生み出す土壌がなければ迫力を持ちません。コミュニケーションにはそれ自体価値があるとわかっているからこそ、怖かったり苦手だったりする謙虚な気持ちになる。そんな人たちが土壌になって、この本ができました。ニコ生を見てくれたみんな、ほとんど共著と言ってもいいくらい。やっと本にまとまりました。みんなありがとう！

この本は「コミュニケーションの目的はコミュニケーションである」という、コミュニケーションの原理に思い至った人間の底本、最初の一歩です。質問や感想などがあれば、ぜひツイッターで、#yoshidabon もしくは @yoshidahisanori をつけてつぶやいてください。必ず読みます。新しい解釈や実例があったら、教えてください！　あと、ラジオをつけていただければ毎日ムダ話を生放送しています。そちらにも、どうぞ。

最後になりましたが、協力してくださったすべての関係者の皆さん、そしてなにより、企画から編集、構成、改稿までをずっと伴走してくれた久米泰弘さん、本当にありがとうございました。

この本を手に取ってくださった方が今後、エレベータのなかで気まずい思いをしませんように。意図も狙いもなく、心地いいコミュニケーションをとれる日がきっと来ますように。心より願っています。

三〇代最後の誕生日、夜明けのファミレスにて
吉田尚記（ニッポン放送アナウンサー）

著者紹介

吉田尚記　よしだ・ひさのり

一九七五年東京生まれ。慶應義塾大学文学部卒業。ニッポン放送アナウンサー。二〇一二年第四九回ギャラクシー賞ＤＪパーソナリティ賞。「マンガ大賞」発起人。株式会社トーンコネクト代表。

ラジオ『ミュ～コミ＋プラス』（ニッポン放送）、『ノイタミナラジオ』（フジテレビ）等のパーソナリティを務める。マンガ、アニメ、アイドル、デジタル関係に精通し、常に情報を発信し続けている。著書『ツイッターってラジオだ』（講談社）。

Twitter アカウント @yoshidahisanori

なぜ、この人と話をすると楽になるのか

二〇一五年二月　六日　初版発行
二〇一五年三月一三日　四刷発行

著者　吉田尚記

ブックデザイン　鈴木成一デザイン室
イラストレーション　ヤスダスズヒト
発行人　落合美砂
編集　北村啓悟
編集・構成　久米泰弘
協力　ニッポン放送
発行所　株式会社太田出版
〒一六〇-八五七一　東京都新宿区愛住町二二　第三山田ビル四階
電話〇三-三三五九-六二六二　FAX〇三-三三五九-〇〇四〇
振替〇〇一二〇-六-一六二一六六
WEBページ http://www.ohtabooks.com/
印刷・製本　シナノ パブリッシング プレス
ISBN978-4-7783-1433-0 C0030

太田出版の本

まんがキッチンおかわり
福田里香

『フード理論』で読み解くとまんがが100倍おもしろくなる。おいしい名作まんがから生まれた、かわいいお菓子レシピ&愛たっぷりのエッセイ集！ 諫山創、雲田はるこ、中村明日美子、水城せとな、豪華ロングインタビューも収録。

超超ファミコン
多根清史／箭本進一／阿部広樹

俺たちはまだ、ファミコンを語りつくしていない!! ファミコン生誕30周年のアニバーサリーイヤーを飾った名著『超ファミコン』を超えるシリーズ第二弾、ここに登場!! 今回も懐かしの名作・迷作・怪作をドドーンとまとめて徹底レビュー!!

初音ミクはなぜ世界を変えたのか？
柴 那典

キャラクター文化やオタク文化、ネット文化、新たなビジネスモデルの象徴……。様々な側面から語られてきた〝初音ミク〟の存在を初めて音楽の歴史に位置づけ、21世紀の新しい音楽のあり方を指し示す画期的な論考。

すばらしき特殊特許の世界
稲森謙太郎

「特殊特許」と筆者が呼ぶ、個性的な特許を紹介。松本人志が発明した目覚まし時計など、ユニークな題材を取材や調査を通じてドラマチックに描く。新しいアイデアづくりのヒントも満載。笑えて学べる特許入門書。